山西古村镇系列丛书

山西省住房和城乡建设厅组织编写

西文兴古村

薛林平 包 涵 李博君
郭 创 王博凯 石 玉 著

中国建筑工业出版社

图书在版编目(CIP)数据

西文兴古村／山西省住房和城乡建设厅组织编写．
北京：中国建筑工业出版社，2015.12
（山西古村镇系列丛书）
ISBN 978-7-112-18861-1

Ⅰ.①西… Ⅱ.①山… Ⅲ.①乡镇-古建筑-介绍-沁水县 Ⅳ.①K928.71

中国版本图书馆CIP数据核字（2015）第303279号

责任编辑：费海玲 张幼平
责任校对：陈晶晶 关 健

山西古村镇系列丛书
山西省住房和城乡建设厅组织编写

西文兴古村

薛林平 包 涵 李博君 郭 创 王博凯 石 玉 著

*

中国建筑工业出版社出版、发行（北京西郊百万庄）
各地新华书店、建筑书店经销
北京方舟正佳图文设计有限公司制版
北京中科印刷有限公司印刷

*

开本：787×960毫米 1/16 印张：11$\frac{3}{4}$ 字数：282千字
2016年3月第一版 2016年3月第一次印刷
定价：58.00元
ISBN 978-7-112-18861-1
　　（28102）

版权所有 翻印必究
如有印装质量问题，可寄本社退换
（邮政编码 100037）

《山西古村镇系列丛书》

主　编：李栋梁　李锦生　翟顺河
副主编：于丽萍　薛林平　郭　创
编委会：张晋耀　赵俊伟　杜雪峰　张　斌
　　　　邵丽峰　刘甲敏

《西文兴古村》

著　者：薛林平　包　涵　李博君　郭　创
　　　　王博凯　石　玉

丛书总序

我曾多次到过山西，这里丰富的历史遗存和深厚的人文底蕴，令人赞叹，给人的印象非常深刻。山西省建设厅张海同志请我为《山西古村镇系列丛书》作个序，在这里我就历史文化遗产和古村镇保护等有关问题谈一些粗浅的想法。

国际经济社会发展的经验证明，一个国家城镇化水平达到30%以后，城镇化进程不断加快，随之出现城市建设的高潮；人均生产总值达到1000～3000美元时，进入经济发展的黄金期，也是多种矛盾的爆发期，这个时期不仅可能引发各种社会矛盾，还会出现许多问题。我国城镇化水平2003年就已经超过了40%，人均生产总值2006年已经超过了2000美元，国民经济快速发展，城镇化进程不断加速；在城市建设日新月异的发展中，中央又审时度势提出了"两个趋势"的科学判断，作出了加强小城镇和新农村建设的决策。过去，我国城市的大批建筑遗存，正是在大搞城市建设中遭到毁灭性破坏。现在，我国农村许多建筑遗产，能否在小城镇和新农村建设中有效保护，正面临着严峻考验。处理好小城镇和新农村建设与古村镇保护的关系，保护祖先留下的非常宝贵、不可再生的文化遗产，是历史赋予我们义不容辞的责任。

对于建筑历史文化遗产的保护，人们的观念不断创新、思路逐步调整、方法正在改进，从注重官府建筑、宗教建筑的保护，向关注平民建筑保护的转变；从注重单体建筑的保护，向关注连同建筑周边环境保护的转变；尤其是近年来，特别关注古村镇的保护。因为，古村镇是区域文化的"细胞"，是一个各种历史文化的综合载体，不仅拥有表现地域、历史和民族风情的民居建筑、街区格局、历史环境、传统风貌等物质文化遗产，还附着居住者的衣食起居、劳动生产、宗教礼仪、民间艺术等非物质文化遗产。我国现存有大量的古村镇，其历史文化价值和社会经济价值都是巨大的，按照英格兰的统计方法，古村镇的价值应占到GDP的30%以上。然而，认识到这一点的人并不多，甚至有人认为古村镇、古建筑是社会发展的绊脚石，这种观点对于文化的传承和社会的进步都是极为不利的。在快速推进的城乡建设浪潮中，我们所面临的最大问题就是，大批历史古迹被毁坏，大批古村镇被过度改造，使中华民族的历史文化遗产严重损坏。在这个时候提出古村镇的保护，实际上是一项带有抢救性的工作。

2008年1月1日开始实施的《城乡规划法》，突出强调了保护历史文化遗产的重要性；2008年4月又颁布了《历史文化名城名镇名村保护条例》。历史文化名城保护工作已开展近30年，历史文化名镇名村保护工作也已启动，现在大家基本达成共识，保护有价值的古村镇，其实就是"保护文化遗产，弘扬优秀的传统文化……保持民族性，体现时代性"。但是，当前全国历史文化村镇保护的形势仍然不容乐观，保护工作极不平衡，一些地方还未认识到整体保护历史文化村镇的重要性，忽视了周边环境风貌和尚未列入文物保护单位的优秀民居的保护，制定和完善保护历史文化村镇规划的任务还十分艰巨；一些地区片面追求经济效益，对历史文化村镇进行无限度、无规划的盲目开发；一些地方擅自改变国有文物保护单位的管理体制，交给企业经营管理。

作为华夏文明的发祥地之一，山西有着丰厚的文化积淀和历史遗存，不仅有数量众多的古建筑，还保存有大量的古村镇。由于山西历史悠久、民族聚居、文化融合、地形差异等多因素影响，再加之较为发达的古代经济，建造了大量反映农耕文明时代、各具特色的古村镇。这些古村镇，一是分布在山西中部汾河流域，以平遥古城为中心，以晋商经济为支撑，体现晋商文化特色；二是分布在晋城境内沁河流域，以阳城县的皇城、润城为中心，以冶炼工业及商贸流通为支撑，体现晋东南文化特色；三是分布在吕梁山区黄河沿岸，以临县碛口古镇为中心，以古代商贸流通、商品集散为支撑，体现晋西北黄土高原文化；四是沿山西省内外长城，在重要边关隘口，以留存了防御性村堡，体现边塞风情和边关文化，在山西统称为"三河一关"古村镇。这些朴实生动和极富文化内涵的古村镇，是人类生存聚落的延续，是中国传统建筑的精髓；保存有完整的古街区、大量的古建筑，体现着先人在村镇选址、街区规划、院落布局、建筑构造、装饰技巧等方面的高超水平；真实地反映了农耕文明时代的乡村经济和社会生活，凝聚了劳动人民的智慧，沉淀了中华民族的优秀文化，传承了丰富的历史信息；具有浓郁的地方特色和很高的研究价值，是人类共同的文化遗产和宝贵财富。

山西省建设厅一直对古村镇及其文化遗产的保护非常重视，从2005年开始，对全省的古村镇进行了系统普查，根据普查的初步成果，编辑出版了《山西古村镇》一书；同年，主办了"中国古村镇保护与发展碛口国际研讨会"，并通过了《碛口宣言》。报请省政府下发了《关于历史文化名镇名村保护工作的意见》，并分两批公布了71个"山西省历史文化名镇名村"，其中18处已经成为"中国历史文化名镇名村"。为大部分古村镇制定了科学的保护规划，开展了多层次的保护工作，逐步形成了科学、合理、有效的保护机制。为了不断提高人们的保护意识，他们又组织编写了《山西古村镇系列丛书》，本系列丛书撷取山西有代表性的古村镇，翔实地介绍了其历史文化、选址格局、建筑特色、非物质文化遗产，内容较为丰富。为了完成书稿的写作，课题组多次到现场调查，在村落中居住生活了相当一段时间，积累了大量第一手资料。通过细致的测绘图纸和生动的实物照片，可以看到他们极大的工作热情和辛勤劳动。这套丛书不仅是对古村镇保护工作的反映，更有助于不断增强全社会的文化遗产保护意识。让我们以此为契机，妥善处理保护与发展的关系，做到科学保护、有效传承、永续利用历史文化遗产，不断开创历史文化名镇名村保护工作的新局面。

是为序。

住房和城乡建设部　副部长

目 录

丛书总序

第一章 西文兴古村的历史文化 ························ 1
一、引述 ························ 2
1. 史料中的村名 ························ 2
2. 沁水县掠影 ························ 4

二、历史沿革 ························ 6
1. 唐末—明初溯源 ························ 6
2. 明代兴衰 ························ 8
3. 清代兴衰 ························ 15
4. 民国与新中国成立后的发展 ························ 24

第二章 西文兴古村的空间格局 ························ 27
一、村落选址 ························ 28
二、村落空间 ························ 29
1. 整体格局 ························ 29
2. 街巷空间 ························ 33
3. 节点空间 ························ 33

第三章 西文兴古村的公共建筑 ························ 41
一、公共建筑概述 ························ 42
二、典型公共建筑 ························ 44
1. 关帝庙 ························ 44
2. 柳氏宗祠 ························ 48

    3.牌坊 · 48

    4.魁星阁 · 49

    5.文昌阁 · 51

    6.永庆门 · 55

    7.后山的墓室 · 56

第四章 西文兴古村的居住建筑 · · · · · · · · · · · · · · · · 59

一、居住建筑概述 · 62

    1.院落构成 · 62

    2.营造技艺 · 69

    3.立面构成 · 70

二、典型居住建筑 · 72

    1.中宪第 · 72

    2.司马第 · 80

    3."香泛柳下"院 · 88

    4."磐石长安"院 · 91

    5."行邀天宠"院 · 93

    6."居处恭"院 · 95

第五章 西文兴古村的装饰艺术 · · · · · · · · · · · · · · · · 99

一、装饰艺术概述 · 100

二、影壁 · 100

三、石柱础 · 103

四、门枕石 · 106

五. 牌坊石狮 ·· 114
六. 门窗装饰 ·· 117
七. 雀替和挂落 ··· 126
八. 栏杆 ·· 137
九. 铺首 ·· 141
十. 匾额装饰 ·· 141

附录
附录1 历史建筑测绘图选录 ···························· 144
附录2 碑文选录 ·· 154

后记 ··· 178

【第一章】

西文兴古村的 **历史文化**
LISHI WENHUA

一、引述

　　西文兴村位于晋东南沁河流域，太行山深处的历山腹地，隶属晋城市沁水县土沃乡，是柳氏族人世代聚居的血缘古村落（图1-1）。目前村中绝大部分人仍为柳姓，现存传统建筑主要为民居，故被称为"柳氏民居"。1981年，"柳氏民居"被公布为县级文物保护单位；1986年，"柳氏民居"被公布为省级文物保护单位；2005年，西文兴村入选为第二批中国历史文化名村；2006年，"柳氏民居"被列为第六批全国重点文物保护单位；2012年，西文兴村入选为第一批中国传统村落。

1. 史料中的村名

　　关于"西文兴"村名的来历，有一种说法广为流传：即柳氏祖先认为柳氏从"西"而来，期盼后世子孙以"文兴"为业。然而，西文兴村在史料记载中的官方称呼多为"大兴村"（图1-2）。如清光绪版《沁水县志·卷之三·营建·村镇》中记载："大兴村，离城四十五里"；《沁水县志·卷之二·方舆·山川》中记载："沁地从乌岭发脉……其间界以杏水，而西乡村落，若土沃、蒲泓、上阁、杏峪、张马、大兴诸处，皆错处其下焉"（图1-2）。大兴村建村时间不详，但是现存于"土沃"村的元代碑文《修建圣王行宫之碑》中曾提及"大兴"："由是至中统二年辛酉（1261年）……大兴王德等，咸舍己财……创构虞舜、成汤二帝之行

图1-1 西文兴村区位图

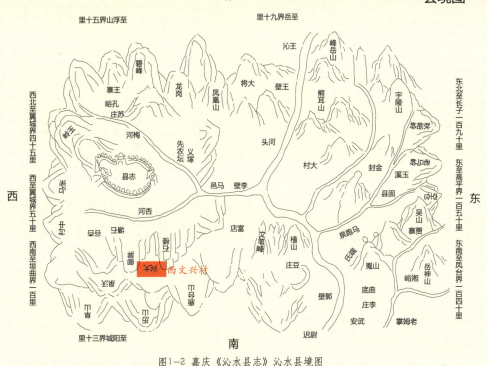

图1-2 嘉庆《沁水县志》沁水县境图

宫。"[1] 其后还附有村民布施的名录:"大兴:乔安、王珪、柳兴、张信、乔□、乔思、王贵、王荣、王成、王七、高忠、高二。"[2] 这说明:大兴村至少在元代就已出现,且很可能是自古已有之的杂姓村落,并不是由柳氏创建,更不可能因柳氏而取名。在这将近一百年后的明初,今存"柳氏民居"的主人才真正迁移至此。

根据周边村落多以家族姓氏(如窦庄、张村、陈家山、郝家山等)和所居山水(土沃、杏峪)起名的特征,"大兴村"很可能源于当地古时的"大兴河"。"大兴河"在清光绪版《沁水县志·卷之二·方舆·补遗》中有记载:"沃泉……源出石幢山,经上下沃村,东纳杏子沟水,再东纳鸦儿河水,又纳大兴河水,东南合涧河,入阳城界。"

---

1 车国梁.三晋石刻大全:晋城市沁水县卷.三晋出版社,2012.18.
2 田同旭,马艳.沁水县志三种.山西出版集团,山西人民出版社,2009.1335.

文中所指的"上下沃村",即为今天的上沃泉村、下沃泉村,位于西文兴村西北部,直线距离仅5公里;"涧河"在西文兴村现存石碑《始修一房山碑记》中被提到,"环吾乡皆山也……东曲陇鳞鳞,下临大涧"。因此,根据河流走势可推断:古"大兴河"就在"大兴村"不远处,汇入"大兴村"东侧的"涧河"。

柳氏家族活动范围应该主要为"大兴村"西部,故自称"西大兴"。明万历年间碑文记载:"西大兴之有关王庙"[1],"归葬于祖居西大兴"[2]。"文兴村"村名第一次出现于清嘉庆年间同县窦庄村人窦心传[3]为西文兴所撰碑文中:"文兴村,沁南胜地也,由鹿台发源,迤逦十数里,而山势蟠结,九冈西绕,三台东护,东南尖山远拱,正当文明之方,堪舆家争称之,以为文人代兴者,实由于此。"[4]此段话以局外人的角度评价了"文兴村"——文明之气颇盛,以致被风水先生连连称赞,认为此地人才辈出,再加上柳氏家族世代兴盛,村名才逐渐由"大兴"变为"文兴",具体更名时间不详。

柳氏家族活动的"西大兴"也随之演变为"西文兴"。根据民国时期的碑文记载可知:"西文兴村,在县治西南三十里,鹿台山之阳,山水环抱,人民乐业,亦沁水胜地也。"[5]至此,"西文兴村"的名字开始广泛流传。

2. 沁水县掠影

西文兴村所处的沁水县,历史文化非常悠久,自古就有女娲补天、舜耕历山的传说,名人盛事不胜枚举,虽是弹丸之地,但人才辈出:

"至科目之盛,甲于冀南,明成化时石楼李司徒公发于前,嘉靖时庄靖刘公位总河尚书,神庙时先祖宫保,先外祖司农、中丞两孙公,银台韩先生,一时位八座者四,而卿寺不与焉。"[6]

"沁邑山环水汇,奇杰踵生。自昔擢巍科,登台辅者,比肩而林立……考邑乘所载,如

---

1 见《重修关王庙记》,柳遇春撰文,镌刻于明万历十一年(1583年)正月。
2 见《明奉直大夫同州刺史三峰柳公墓志铭》,刘东星撰文,镌刻于明万历二十五年(1597年)。
3 窦心传,窦铭之子,沁水县窦庄村人。清嘉庆三年(1798年)乡试举人,嘉庆六年(1801年)中进士。
4 见《魁星阁新建记》,窦心传撰文,镌刻于清嘉庆年间。
5 见《重修文昌阁文庙碑记》,张文焕撰文,镌刻于中华民国10年(1921年)。
6 见清光绪《沁水县志·卷之十一·艺文·补修县城来脉记》。

大司徒石楼李公[1],大司空庄靖刘公[2],宫保忠烈张公[3],诸君子德业节义之盛,皆足以震耀当时,俎豆奕世。"[4]

"沁虽蕞尔,乃彬彬文物之邦也。先世科甲蝉联,忠孝节义,光照史册者,济济多人。"[5]

"沁邑环山带水,茂林薈蔚,壤虽僻,实明且秀也,望气者称郁葱焉。制科以来,甲第蝉联,后先辉映,忠孝节烈之事,炳琅史册间,以是知文教之渐摩,不遗于蕞尔也……沁固彬彬文物之邦也,山川秀气萃于斯文,鸣珂曳珮之士,接踵相望。"[6]

"沁,岩邑也,诸山拱抱,襟带两溪。昔时人文蔚兴,彬彬称盛。"[7]

沁水县举人进士不胜枚举。朝廷所设六位尚书高官中,沁水县先后有四位任职,分别是:明代沁水人李瀚,号石楼,曾为吏部左侍郎,官至南京户部尚书;明代沁水人刘东星,官至工部尚书;明代沁水人孙居相,曾为户部尚书,又曾为南京御史台御史,即中丞;明代沁水人韩范,曾任通政使右通政。

然而,这样一个文化大县,光环背后的现实是山地崎岖、物产淡泊、灾荒频发、经济落后,甚至有康熙年间沁水知县于继善,在写下"沁邑蕞尔弹丸,灾祲三载,人民逃徙,土地荒芜,所剩焦黎,膏枯脂竭。其灾荒情形,曾经潞安府刘知府验明在案……卑职莅任四月,目击心伤"[8]之后,因条件过于艰苦选择弃官而逃。于继善并不是个例,沁水县任职届满的知县寥寥无几:"历观百年以来,沁令俸满者不过十之二三,其他或四、三年,或一半年"。[9]

历任知县对沁水县的印象与评价也都不谋而合:

"界连八县,地尽沃饶,独吾邑土瘠民贫。"[10]

"沁东南与凤高接壤,西北与垣翼接壤。诸邑土田大抵皆属膏腴,独蕞尔之区,处乎险巘碌碨之间,曾无数百亩田平若案者,有何论沃饶耶?虽河水支流左萦右拂,然地形高者,

---

1 明代沁水人李瀚,号石楼,曾为南京户部尚书。
2 明代沁水人刘东星,曾为工部尚书,谥靖庄。
3 明代沁水人张五典、张铨父子。
4 见清光绪《沁水县志·卷之十一·艺文》,周璐撰文,《创建魁星阁碑记》。
5 见清光绪《沁水县志·卷之十一·艺文》,吴伸撰文,《修建碧峰书院记》。
6 见清光绪《沁水县志·卷之十一·艺文》,赵凤诏撰文,《重修沁水县文庙记》。
7 见清光绪《沁水县志·卷之十一·艺文》,赵凤诏撰文,《重修〈沁水县志〉叙》。
8 见清光绪《沁水县志·卷之十一·艺文》,于继善撰文,《详请宽免旧粮阙丁》。
9 见清光绪《沁水县志·卷之十一·艺文》,徐品山撰文,《重修〈沁水县志〉序》。
10 见清光绪《沁水县志·卷之十一·艺文》,徐品山撰文,《重修〈沁水县志〉序》。

难收灌溉之功；地势卑者，反受冲淤之害。八十年来，入于沙石而不堪耕种者，已有数百公顷。"[1]

"沁邑处深岩邃谷中，山多地隘，气候迈寒。即盛夏大热，不过二十余日。田禾生长甚迟。"[2]

结合以上记载，我们可以确认一个事实：沁水虽乃风水宝地，但物产稀薄，交通不便，农业无法成为当地致富的首要条件（图1-3）。于是穷则思变，"大抵山不产货财，水不通舟楫，人鲜盖藏，强半糊口于外"，大部分人开始外出谋生，造成的社会现状是"男多商贾，女多纺织"[3]。勤劳和智慧的沁水人通过自己的努力，依然可以安居乐业，"壤虽瘠，然生齿颇繁，负郭而居者，联楹接宇，烟火相望"[4]。为了弥补先天条件的严重不足，摆在大部分人面前的选择其实只有两个：一是考取功名，二是在外经商。这两点也成为维系西文兴柳氏家族命运兴衰的重要因素。

二、历史沿革

1. 唐末—明初溯源

宗支源流。"柳氏系出鲁大夫展获公，食邑柳下，因姓焉。厥后谱，代有闻人，而惟唐尤盛，名贤继出，辛流于史，炳如也。"[5]柳氏的始祖是春秋时鲁国大夫柳下惠，柳氏世代有声名显赫的人物，尤其是唐代，河东成为柳氏的郡望，称"河东柳氏"。西文兴柳氏与唐代著名文学家、政治家、思想家柳宗元都是河东柳氏的同宗后裔，但并无确凿证据表明二者即为同一脉。

第一次迁徙。"其先世河东人，唐末徙居沁。"[6]迁徙的原因与当时的社会历史背景紧

1　见清光绪《沁水县志·卷之五·贡赋·丁徭》。
2　见清光绪《沁水县志·卷之四·风俗·本业》。
3　见清光绪《沁水县志·卷之四·风俗·本业》。
4　见清光绪《沁水县志·卷之十一·艺文》，赵凤诏撰文，《重修〈沁水县志〉叙》。
5　见明嘉靖二十九年（1550年），柳遇春撰文，《柳氏宗支图》。
6　见明万历二十五年（1597年），刘东星撰文，《明奉直大夫同州刺史三峰柳公墓志铭》。

图1-3 清雍正《泽州府志》沁水县境图

密相关:唐末五代时期,河东战乱纷起,百姓难以安居,纷纷离开家园迁移躲避战乱。由于沁水县"南接阳城,入豫之孔道也;西邻翼城,则河东六郡所必经"[1],因此由河东,经翼城、沁水、阳城,再入河南,是南迁中原的一条必经之路。

第二次迁徙。"始祖琛,由翼城县迁邑之文兴村。"[2]西文兴柳氏在迁徙途中,曾半途定居于翼城,现翼城县南关柳家园亦存有"河东旧家"的门匾。又过了几百年至元末,兵乱、水旱、蝗变、病疫祸不单行,中原地区百姓逃亡,变得人烟稀少、土地荒芜,地处崎岖山区的山西反而相对安定,人丁兴盛。刚刚建立政权的明朝廷,为了复苏经济、恢复生产,于洪武至永乐年间组织了数次大规模移民,基本原则便是把农民从人多田少的地方移到人少地广的地方。晋南、晋东南移民数量较多,所迁之省以京、津、冀地区为主。相对于迁入外省背井离乡,与翼城县一山之隔、"泽州之属县,为古之偏邑"[3]的沁水县无疑是

---

1 见清光绪《沁水县志》,卷之十一·艺文,徐品山,《重修〈沁水县志〉序》。
2 见清嘉庆十四年(1809年),窦心传撰文,《皇清例授昭武都尉圣和柳公暨配例封恭人宋孺人合葬墓志铭》。
3 见元至治二年(1322年),缑励撰文,《修建圣王行宫之碑》。

较好选择（图1-4）。除柳氏家族外，明初沁水县数位著名人物如李瀚、张铨等大家族也都是这一时期由周边县城迁徙而来。

繁衍生息。"历国初迄今，以甲分者四，以户分者十，而其初则一人也。以一人之身，而甲则四，户则十，奚翅服尽。"[1]文中的"一人"指的应该就是由翼城县携妻带子迁入沁水县的一世祖柳琛。从柳琛开始，经明初至嘉靖百多年间，繁衍六代，户数增至四十，人口上百计，开启了西文兴柳氏的辉煌篇章。

图1-4 西文兴柳氏两次迁徙示意图

2. 明代兴衰

（1）成化年间兴起

作为柳氏后裔中的一支，西文兴柳氏自唐末迁出河东后先是世代居住在翼城，积累了相当的资产，广置农田、建立庄园。因此，到了明初，柳琛一人携妻带子迁至西文兴时并非白手起家，还可以依靠原有资产，"以耕读为业，世世守之"[2]。

迁移过来的柳氏家族，其头等大事便是子孙的科举功名之事。功夫不负有心人，"至三世骥公，成化庚子领乡荐"[3]。柳骥也是柳氏出现在《沁水县志》记载中的第一人。柳骥于成化庚子科（1480年）中举，距离明永乐四年（1406年）柳琛迁至西文兴村，已经过去了半个多世纪。同期参加考试的乡人李瀚则为乡试第一，并于成化辛丑科（1481年）再中进士，官拜户部尚书，成为明代沁水县第一位朝中大臣。相比而言，柳骥的命运则没那么幸运了，"曾大夫，庚子举人，未仕卒"[4]。可见其后屡次会试不中，最后或许出资捐了一

---

[1] 见明嘉靖二十九年（1550年），柳遇春撰文，《柳氏宗支图》。
[2] 见清嘉庆十四年（1809年），窦心传撰文，《皇清例授昭武都尉圣和柳公暨配例封恭人宋王孺人合葬墓志铭》。
[3] 见清嘉庆十四年（1809年），窦心传撰文，《皇清例授昭武都尉圣和柳公暨配例封恭人宋王孺人合葬墓志铭》。
[4] 见明万历二十五年（1597年），刘东星撰文，《明奉直大夫同州刺史三峰柳公墓志铭》。

个散官的荣誉称号——"承德郎"。

(2) 嘉靖年间兴盛

相比功名而言,柳氏家族的资产积累更为迅速。又过了半个多世纪,传至"六世遇春公,嘉靖丙午登贤,由通判升山东宁海知州,□补陕西同州知州。嗣后,书香相继,蜚声旷膠庠者蝉联不绝"[1]。其同辈兄弟"富春、逢春、方春"团结一致,生活富足,柳氏家族实力雄厚达到顶峰。主要体现在以下几个方面:

吞并农田。"皇明嘉靖年间,六世祖柳逢春,生性刚直,抱经纬之才,怀平治之术,凛乎有豪杰之风焉。资产充足,产业阔大。始亲置南山、东川山场、庄田,荒熟阡陌,置其广阔。年至六旬,身乏子嗣,无人照管,因而充公于祠堂,传流子孙收租,每年三坛之期所需用,诚敬奠祭。"[2]

大兴土木。"柳遇春曰……先君暨予之子之林三世,皆嫡长子,而宗子责在予,以责之重大,愧弗克任,然分不容辞,且惧其难也。"[3]柳遇春作为家中责任重大的嫡长子,积极主持了家族多项建设活动:"予叔大夏于庙之东,施地一区……遇春募画工绘之……始于嘉靖己未(1559年)春三月,至秋九月,厥工告成,焕然一新"[4],此为重修关帝庙。"至隆庆己巳年(1569年)仲冬吉,遂建祠堂于居第之东南。壬申(1572年)春,始克成之,以处祀事"[5],此为新修祠堂。"关王庙既成,予从弟富春于庙门之南树一木枋"[6],此为新修关帝庙对面的木枋。除此之外,还有许多未留记文的亭台楼阁建设活动,"凡造祠堂,构书屋,建尊经阁",柳遇春每一次"必择胜概,求令辰",丝毫不敢懈怠,为的是"审向背之宜,补风气之缺"。[7]

发展商业。沁水贫瘠的土壤条件并不适合农耕,随着明朝中后期商业的兴起,越来越多的人"舍本逐末"开始经商。柳氏亦不例外,并且尤其成功:"如公封授在身,府衔悼

---

1 见清嘉庆十四年(1809年),窦心传撰文,《皇清例授昭武都尉圣和柳公暨配例封恭人宋王孺人合葬墓志铭》。
2 见民国20年(1931年)柳士渝、柳延芳撰文,《庄田山场补修记》。
3 见明隆庆六年(1572年),柳大夏撰文,《柳氏祠堂仪式记》。
4 见明万历十一年(1583年),柳遇春撰文,《重修关王庙记》。
5 见明隆庆六年(1572年),柳大夏撰文,《柳氏祠堂仪式记》。
6 见明万历十一年(1583年),柳遇春撰文,《新建关王庙木枋记》。
7 见明万历二十五年(1597年)刘东星撰文,《明奉直大夫同州剌史三峰柳公墓志铭》。

之者,貤赠者,柳氏驿、典、号迎送至府官,子孙敬迎祠堂,设席中听"[1];"吾族贤士、处士……身赴任所及徙邸者,勿宿异姓驿,节俭支银。京归吾府者,勿宿异姓驿,恐骚官衙"[2]。从这两段记载可知:其商业规模已遍布全国多地,远至京城;商业类型多种多样,包括收租、驿站、典当、票号多种;商业活动带来的利益足以富甲一方。

柳氏家族的兴盛与其良好的家族管理密不可分。五世祖柳大夏于明隆庆六年(1572年)撰写的《柳氏祠堂仪式记》,六世祖柳遇春于明嘉靖二十九年(1550年)撰写的《柳氏宗支图》,六世祖柳方春、柳逢春于明万历八年(1580年)撰写的《河东柳氏训道碑》中数次强调祖训家风。柳氏传家的精神概括起来主要包括三点:

一是永不分家。"田邑广阔,典当驿号,酌族世产,永勿分割。"家族组织架构井然有序,"族人守业……家中财产,以长幼次第,经营生意,管理余账。"即使万不得已需要分居时,"每年饭食日用,要新定一不易之规,按照人口发给。其内外事务,仍照旧规办理,生意、房产不许瓜分也。"

二是书香传家。柳氏族人一向视自己"以耕读发达,为士大夫身",因而数次强调教育的重要性:"至幼年子孙,无论智愚贤否,惟以读书为主,欲求上进";"《朱子格言》曰:'子孙虽愚,经书不可不读。'治家者,所宜奉为金鉴也"。只有读书没有天分之人才参与经营管理,"如读书十分无望者,或挪管庄田,或佐理账总,勿使游手好闲,然后不至松荡逾闲。"[3]

明代柳氏子孙中学业造诣最高的当属柳遇春,读书、科举生涯伴随了其多半生时光:幼时即"聪颖,善识,有大志",颇有学习天分,其父柳大濩便"遣出百里外,就明山赵先生学《易》",并与乡人刘东星(明沁水四位尚书之一)成为同窗好友;"十五补博士弟子员,赴汾河书院讲习,肆力于诸子百家"。[4]嘉靖庚子(1540年),"逾百里外讲学惠济寺"[5]。嘉靖丙午科(1546年)中举,时年24岁(图1-5)。嘉靖戊申(1548年),"读书于惠济寺";嘉靖庚戌(1550年),"……之京也,游太学,夜宿成贤街"。[6]直至隆庆辛

---

1 见明隆庆六年(1572年),柳大夏撰文,《柳氏祠堂仪式记》。
2 见明万历八年(1580年),柳方春、柳逢春撰文,《河东柳氏训道碑》。
3 见明万历八年(1580年),柳方春、柳逢春撰文,《河东柳氏训道碑》。
4 见明万历二十五年(1597年),刘东星撰文,《明奉直大夫同州刺史三峰柳公墓志铭》。
5 见明嘉靖三十一年(1552年),柳遇春撰文,《亡妻柳氏墓志铭》。
6 见明嘉靖二十九年(1550年),柳遇春撰文,《亡妻圹志铭》。

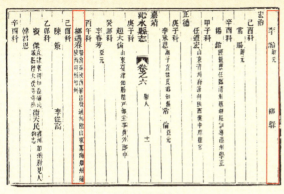

图1-5 清光绪《沁水县志·卷之六·选举·举人》

图1-6 王国光、柳遇春《游黄土洞地名丹阳》诗碑

未年（1571年），柳遇春才放弃科举"选谒铨部"[1]。柳遇春终其一生数次参加会试，却终身未能实现进士功名，但也因祸得福，"身享暇龄，优游考终"[2]，结交了一群文人贤士，在沁水县、阳城县一带享有较高的声誉和社会地位。这其中有与他一同游山玩水、吟诗作赋的吏部尚书王国光，为他撰、书、篆墓志铭的刘东星、张升、张五典等，均为当时赫赫有名的沁水人在朝廷做官者（图1-6）。

柳氏家族在这一时期留下的笔墨记载也是最多的，绝大多数出自柳遇春之手，这些都成为研究西文兴柳氏家族兴衰发展的宝贵资料（表1-1）。正因为柳遇春的才学、社会地位与资产财富，柳氏家族的兴盛达到前所未有的巅峰。"柳自河东，荫于沁水。代有闻人，昌于刺史"[3]，这是同窗好友刘东星对柳遇春为其柳氏家族所作贡献的最中肯评价。

柳遇春艺文作品名录表　　　　　　　　　　　　　　　　　　表1-1

年代	名录	保存地点	备注
不详	《柳氏世谱》[4]	不详	柳遇春撰
明嘉靖二十八年（1549年）	《葆光观重修三清像记》	现存于沁水县龙港镇梁庄村葆光观遗址	柳遇春撰

---

1 见明万历二十五年（1597年）刘东星撰文，《明奉直大夫同州刺史三峰柳公墓志铭》。
2 见明万历二十五年（1597年）刘东星撰文，《明奉直大夫同州刺史三峰柳公墓志铭》。
3 见明万历二十五年（1597年）刘东星撰文，《明奉直大夫同州刺史三峰柳公墓志铭》。
4 见明万历二十五年（1597年）刘东星撰文，《明奉直大夫同州刺史三峰柳公墓志铭》。

续表

年代	名录	保存地点	备注
明嘉靖二十九年（1550年）	《柳氏宗支图记》	原在西文兴村柳氏祠堂，现存于该村关帝庙	柳遇春撰
明嘉靖二十九年（1550年）	《亡妾圹志铭》	现存于西文兴村	柳遇春撰
明嘉靖三十一年（1552年）	《亡妻刘氏墓志铭》	现存于西文兴村	柳遇春撰
明嘉靖三十七年（1558年）	《重修敕赐龙泉寺记》	现存于沁水县龙港镇杏峪龙泉寺旧址	柳遇春书
明隆庆四年（1570年）	《游黄土洞地名丹阳》	原在沁水县黄道士洞，现存县博物馆	柳遇春撰
明隆庆六年（1572年）	《柳氏祠堂仪式记》	现存于西文兴村柳氏祠堂	柳遇春同柳氏族人合撰
明万历二年（1574年）	《重修福胜寺记》	现存于沁水县土沃乡蒲泓村福胜寺	柳遇春书
明万历十一年（1583年）	《新建关王庙木枋记》	现存于西文兴村，嵌于墙壁	柳遇春撰
明万历十一年（1583年）	《重修关王庙记》	现存于西文兴村	柳遇春撰

遗憾的是，柳氏从此以后再未出现过一位举人。古代"士农工商"的观念深入人心，只有读书才是出人头地、光宗耀祖、名垂青史的唯一正途。相比于"非正途"的经商所得成就，柳氏所获科举功名实在微不足道。这也是为什么柳氏虽"乃沁邑名门望族"[1]，却在《沁水县志》中所占比重微薄，出现频率极低。有记载的人物寥寥无几：

举人

【明】庚子科 柳骒。

【明】丙午科 柳遇春，骒曾孙。陕西巩昌府通判。升山东宁海知州，补陕西同州知州。[2]

贡生

【明】正德 柳儒，十六年贡。束鹿训导。

---

1 见明万历庚辰（1580年），柳方春、柳逢春撰文，《河东柳氏训道碑》。
2 见清光绪《沁水县志·卷之六·选举·举人》。

【明】天启 柳之才，遇春子。[1]

官职

【明】柳大纶 陕西永寿县主簿。[2]

三是克俭勿贪，乐善好施。柳氏深知"先人创业之艰难，子孙承之更不易"。因此，对内"须克俭之而勿贪也"；"族人衣食，子孙游庠，贤士归祠祭祀，游刃权利

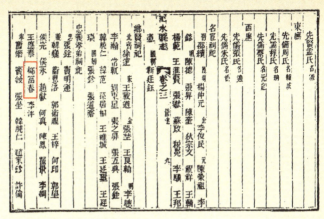

图1-7 清光绪《沁水县志·卷之三·营建·忠义孝悌祠祀》

生意，封赠仪式，律以拨支，须等克勤克俭"。对外则恪守"切勿倚权势而欺善良，以富豪而欺穷困"[3]的原则，在乡间做乐善好施的义举赢取大片民心。"父大，富而乐施"[4]；"柳富春，万历间输粟千斛"[5]。开仓赈济的数量之大，可以通过同一时期的数据对比得出："李纲，俱成化间，输米四百斛"；"李洋……明万历十四年输粟五百斛"。[6]因其功劳巨大，县城所供忠义孝悌祠，因义气而祀之人中就有柳富春（图1-7）。[7]

（3）崇祯年间衰败

兴盛并未持续太久，到了风雨飘摇的明朝末期，柳氏家族开始走向衰亡。后人多次提到衰败原因中，最重要的便是"闯寇"："自闯寇作乱，房屋损坏，老幼皆逃，先祖之堂，遂成狼狈矣"[8]。明末时期，整个沁水县"闯寇"活动异常频繁，清光绪《沁水县志·卷之十·祥异·兵燹》中有多次记载："崇祯三年（1630年），流贼王嘉允率众六千余人犯窦

---

1 见清光绪《沁水县志·卷之六·选举·明经·岁贡》。
2 见清光绪《沁水县志·卷之六·选举·世爵》。
3 见明万历八年（1580年），柳方春、柳逢春撰文，《河东柳氏训道碑》。
4 见明万历二十五年（1597年），刘东星撰文，《明奉直大夫同州刺史三峰柳公墓志铭》。
5 见清康熙《沁水县志·卷之七·人物志·义行》。
6 见清康熙《沁水县志·卷之七·人物志·义行》。
7 见清光绪《沁水县志·卷之三·营建》。
8 见清乾隆七年（1742年），柳兴海撰文，《重修祠堂碑记》。

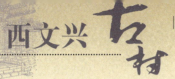

庄……越四日乃退……崇祯四年（1631年）河曲贼王嘉允由沁水入阳城。五年（1632年）七月……贼奔沁水。庚辰贼首紫金梁、老回回、八金刚以三万众围窦庄……六年（1633年）五月贼犯沁水……七月辛丑贼又至……贼自秦入晋五犯沁水，至是城陷……""闯寇"活动的频繁次数及恶劣程度在当时带兵抗争的窦庄人张道浚[1]的著文《兵燹琐记》、《从戎始末》中有详细描述。其中《兵燹琐记》曾专门提到大兴村柳家：

"贼至大兴村，破诸柳之标家。家属尽被执，独逸柳，许四骡赎。柳不谙世法，遂走县城，贷银买骡，未行城陷。守备张进孝图卸执柳，诬导贼，遂抵法。大兴贼又以柳遁，杀其家属，仅兄嫂安子逮奴仆，无一免者。此虽柳前劫，然巢破卵空，身复网罟，竟莫有肯听讼冤者，惨矣！"[2]

"柳之标"在柳氏碑文中没有出现过，但是根据柳遇春墓志铭《明奉直大夫同州刺史柳公墓志铭》（图1-8）记载，柳遇春生两子分别为之林与之材，所以按照名字及时间推断，柳之标应与其同辈不同龄，即柳遇春之侄，属西文兴柳氏第七世（图1-9）。柳之标徒留一身书生气，却"不谙世法"，结果被贼人残忍杀害其亲属，最终人财两空还无处申诉，这对于家族的打击必然是致命的。

图1-8 西文兴村现存《明奉直大夫同州刺史柳公墓志铭》残碑

图1-9 清光绪《沁水县志·卷之六·选举·贡生》中记载的柳之才

---

1 张道浚，生于明万历年间，卒于清初，沁水县窦庄村人，曾两度从沁水县城赶至窦庄与农民军激战。张道浚出生于官宦之家，其父张铨，赠兵部尚书，谥"忠烈"。因此，张道浚诏赐锦衣卫指挥佥事，后升指挥同知，南镇抚司佥书，赐飞鱼服又升指挥南镇抚司掌印。其祖父张五典，沁水县窦庄村人，明万历二十年进士，历任兵部尚书。

2 见：田同旭、马艳.沁水县志三种.山西出版集团，山西人民出版社，2009.1285.

除了人祸之外，天灾不断更是让生活雪上加霜。据清光绪《沁水县志·卷之十·祥异·纪岁》记载："万历间，五谷丰登，六畜繁盛。至天启、崇祯间，生齿渐庶，俗尚渐奢，亨极而剥，已兆兵荒之祸矣。崇祯六年，猛虎食人，瘟疾大作。十一年，蝗。十二年，夏旱。蝗冬蠕生，累累然蔓延附地如鳞，民大困。十三年，岁大 ，民多饿死，人相食。十五年，县治大门灾。"沁邑本就贫瘠，天灾之下更无产出，邑人活命难上加难，竟出现自相蚕食的情况。

就这样，柳氏家族在社会动荡中快速地崩塌了，淹没在改朝换代的历史潮流中。曾经的柳氏为了守住祖宗基业，誓守族规，认为"家道之败，败于分产之由"[1]。殊不知天灾人祸的大环境下，其实命运早已无法掌握在自己手中，柳氏家族的衰败已是大势所趋。

3. 清代兴衰

(1) 乾隆兴起

明末"重遭寇燹"的灾难使沁水县"户口十去六七，田野日就芜，碧峰、杏水之间，萧然凋敝矣"。[2]西文兴柳氏亦家亡人散，万贯家产荡然无存。到了清初，曾经的深宅大院、亭台楼阁已是满目疮痍，百废待兴。偏偏此时"天灾流行，蝗旱相继"[3]：顺治朝十八年中，仅"顺治二年，大有"，"十五年大有"，其余大旱、大雪、洪涝、地震不断；康熙朝六十一年中，仅"四十四年，大有"，前期蝗灾、瘟疫、地震不断，后期风雨不调庄稼连年歉收。康熙"三十年，五月旱无麦，蝗食苗，人民死徙殆半"，"三十一年，元日大风，自春至夏不雨，疫作"，"三十四年，地震，城堞倾毁，与太原平汾同路"，"六十年，自六月旱，至九月始雨，秋禾不登。六十一年，夏无麦，秋薄收，市绝米麦，人多饥死"。[4]

清康熙丁丑三十六年（1697年）上任的知县赵凤诏曾上疏多篇奏文为沁邑的"土瘠民贫"请求减免赋税：

"沁邑叠遭旱蝗瘟疫，人民散逃，地土荒芜……蒿目心伤，绘图难尽……且此地山野

---

1 见明万历八年（1580年），柳方春、柳逢春撰文，《河东柳氏训道碑》。
2 见清光绪《沁水县志·卷之十一·艺文》，赵凤诏撰文，《重修〈沁水县志〉叙》。
3 见清光绪《沁水县志·卷之十一·艺文》，赵凤诏撰文，《重修〈沁水县志〉叙》。
4 见清光绪《沁水县志·卷之十·祥异》。

崎岖，田亩硗瘠，又不比别县产硝出铁，稍有生财之策。即岁获屡丰，仅足下供粥，上纳钱粮。一遇饥荒，而民已告困。"[1]

"沁邑土旷人稀，户口寥寥。饥岁流离，绘图难尽。"[2]

"沁邑向遭兵燹，土旷人稀。"[3]

"但沁邑叠遭荒役，人民死亡逃窜者十去六七，所存残黎，皆属筋疲力尽，久在宪台洞鉴中。"[4]

"但沁邑僻处万山之中，民贫地瘠，更遭频年灾祲，百姓逃亡过半，地土荒芜实多。所存孑遗，尽皆食不充口，衣不蔽身，鹄面鸠形，竟无人状。"[5]

因此，自明崇祯末期至清乾隆初期近百年的时间里，柳氏家族重建家园的活动以非常缓慢的速度进行，甚至族人最为敬重的祠堂也破败许久，历经祖孙三代方才重修完毕：

"至余祖父式锦，每日目睹心伤，欲修而补之，因举维基、鸿韬、培锦等，积聚钱粮，以为修工之资。无如连年荒歉，户族贫，工卒未克修补。至临终之时，犹叮咛嘱咐，以成其事也。余心终不能忘，因与伯父泮生于乾隆六年（1741年）夏四月，请合族人等议，举享庆、注生、浦生等以管修工；奎锦、清生、浞生、汶生、美生、沁生、作栋以缯钱粮。余一人朝夕以督，襄其工。建修堂殿五间，增补东西各五间，以及大门、便门，共费钱钞百有余两。至七年（1742年）冬十一月，厥工告成，合族欣然。"[6]

至清乾隆二十九年（1764年），合族又组织重修了早已"风雨飘零，墙垣颓毁"的关王庙，"重整根基，固砌墙垣"。参与重修工作的有"社首柳有生、柳霖、柳作宫，□工柳生、柳得禄、柳甘霖，催管钱粮柳月桂、柳作庭、柳兰（像）[相]其事"。但最终还是苦于资金窘迫而变卖部分家产换取工钱，"众社首恐□粮难继，因出三台松，易玖拾余金"，终于在乾隆三十二年（1767年）竣工。[7]

---

1 见清光绪《沁水县志·卷之十一·艺文》，赵凤诏撰文，《详请缓征旧赋》。
2 见清光绪《沁水县志·卷之十一·艺文》，赵凤诏撰文，《详陈地方利弊》。
3 见清光绪《沁水县志·卷之十一·艺文》，赵凤诏撰文，《条议利弊》。
4 见清光绪《沁水县志·卷之十一·艺文》，赵凤诏撰文，《详免协济云中草束》。
5 见清光绪《沁水县志·卷之十一·艺文》，赵凤诏撰文，《再详免解草束》。
6 见清乾隆七年（1742年），柳兴海撰文，《重修祠堂碑记》。
7 见清乾隆三十二年（1767年），无名氏书，《关王庙重修碑记》。

（2）乾隆中后期、嘉庆年间兴盛

在重修关王庙中催管钱粮的柳月桂，虽名不见经传，但是作为一家之长，治家有方、重视教育，培养出了优秀的柳氏后人，在清代柳氏家族中占据举足轻重的位置。柳月桂，史称"明远公"，生三子，柳擢兰、柳馪兰、柳春芳。在他的带领下，三个儿子"友爱甚笃，食则分甘，出则相伴，伯仲间恰恰如也。邻里闻之，□愈化而相好者屡矣"[1]。

长子柳擢兰，"生而颖异，□矢肫诚□，《孝经》、《小学》诸训，一言一动，即恪守无违。"可惜其与夫人杨氏早年便"相继云亡"。柳擢兰的一生可谓"庸行庸德，一笑灑然"，并无太多可圈可点之处。柳月桂为了延续其子嗣，命柳春芳将其三子柳旭东过继其下。[2]

次子柳馪兰与三子柳春芳，柳月桂各取其长：兄长主内弟主外，一位在家管理庄田、主持事务，一位在外游历河南、经营商务。

柳馪兰，"生于乾隆元年（1736年）正月二十三日，卒于嘉庆六年（1801年）九月初十日，寿六十有六"，其"独家居治田畴，不敢一日休，及他事务，皆身任之"。在他的维持下，柳氏良好的家风"闾里以式，德音不瑕"。初期柳馪兰"艰子嗣"，柳春芳又将次子柳茂源过继其下。[3]

柳春芳，"生于乾隆四年（1739年）二月初二日午时，卒于嘉庆十二年（1807年）二月初八日丑时"。因自小已经在兄弟间崭露头角，"生而英异，自命不凡，就傅受书，博闻强识"。其父月桂公恐屈才，遣其"拜师访友，以图上进"。[4]柳春芳顺应父亲的意愿，游历河南并受到达官贵人的赏识，为之出谋划策，游刃有余。游学之后的柳春芳早期"客齐、豫间，营醝务（盐务）"[5]，后期"秉睢阳醝政，兼办典务"[6]。自此，柳氏的家族商业终于再次走出沁水，走向新的繁荣，运营的具体情形有两处记载提及：

一是道光四年（1824年），柳氏家族因经费紧张而分配资产："已将阳、沁四典本金……将商邱二典本金，每份拨给钱伍千串……定照十四份分拨……"[7]

1　见清嘉庆八年（1803年），郑琬撰文，《皇清赠武略骑尉廷显柳公暨杨安人墓表》。
2　见清嘉庆八年（1803年），郑琬撰文，《皇清赠武略骑尉廷显柳公暨杨安人墓表》。
3　见清嘉庆八年（1803年），李秉枋撰文，《赠修职郎东阁柳公暨孙孺人墓表》。
4　见清嘉庆十四年（1809年），窦心传撰文，《皇清例授昭武都尉圣和柳公暨配例封恭人宋王孺人合葬墓志铭》。
5　见清嘉庆十四年（1809年），石交泰撰文，《诰授昭武都尉　赠中宪大夫圣和柳公墓表》。
6　见清嘉庆二十五年（1820年），霍庆姚撰文，《诰封中宪大夫建章柳公墓表》。
7　见清道光四年（1824年），柳茂源撰文，《柳氏家训碑》。

二是道光十四年（1834年），柳氏家族为重修庙宇而奔波募捐的名录（由远及近）："鹿邑当行、柘城当行、商丘启泰典行、湘湖商行、虞城元吉典、苏州丝绸行、奉天商行、鹿邑盐店、亿顺盐店、洪兴铁号、济泰铁号、乾元号、居忍茶店、义成典、丰裕典、魁聚典、惕成衣店、兴泰德典、义成磺矿号、同心畅典、兴和典、恒昌典、广盛典、广泰号、庐州典、恒源典、润泰油行、遂源衣店、天锡衣店、同义号、聚液号、聚义驿站、兴盛号、交泰号、永盛油行、裕成米行、泰成号、黄甲庄、阳城万兴典、瑞瑢隆典、□泰典、公慎典、天福盐店、恒源盐店、达盛方炉。"[1]

据此可推断：柳氏商业的经营范围近至阳城、沁水一带，远至河南商丘一带，距离西文兴千里之遥。经营业务初期以盐业为主，后期以典当为主，并且同多个行业都有生意往来，涉猎繁多。主管商业经营的柳春芳，由于生意需要则常年待在河南商丘一带，其两位继妾都是河南商丘人士，"继配宋孺人，河南商丘县候选州同公元宋公第七女……又继娶李孺人，河南商丘素模李公女"[2]，大概可印证这一点（图1-10）。

帮助柳春芳打理生意的帮手是其长子柳茂中。柳茂中生于"乾隆二十四年（1759年）八月二十六日，卒于嘉庆二十五（1820年）年十月十七日。"因其"生而颖异……端凝厚重，有老成人风"，恰逢柳春芳经营事宜"佐理乏人"，故将其召至身侧。柳茂中"游刃有余，料事多中，不数年间，而贤雄一邑矣"。经营后期，柳春芳将"内外事务一委诸公，己乃遨游南北"，显示出对其经营能力的充分信任。[3]

柳春芳与柳茂中在外经商发迹后，作为成功的商民士绅，再以"输军饷"[4]的方式报效朝廷并获取一官半爵，这在捐纳之例大开的清中期（乾隆、嘉庆等），是屡见不鲜的。如"嘉道朝捐纳收入，每年约占户部收入之半数左右，其中尚未包括各省自留未交户部的捐纳款项"，再如"川楚之役开捐，至嘉庆六年（1801年）达300余万两白银"。[5]川楚之役[6]的起义军活动集中于川鄂陕边境地区，清军国库亏空，疲于镇压，为了筹措军费，令各地

---

1 见清道光三十年（1850年），柳茂源撰文，《重修庙宇募缘碑叙》。
2 见清嘉庆十四年（1809年），窦心传撰文，《皇清例授昭武都尉圣和柳公暨配例封恭人宋王孺人合葬墓志铭》。
3 见清嘉庆二十五年（1820年），霍庆姚撰文，《诰封中宪大夫建章柳公墓表》。
4 见清嘉庆八年（1803年），李秉枋撰文，《赠修职郎东阁柳公暨孙孺人墓表》，原句为"入郡学，输军饷，叙议县丞"。
5 梁严冰，刘蓉.清代的捐纳制度[J].历史教学，1996（9）：50-53。
6 即川楚白莲教起义，爆发于川楚陕边境地区，后又波及川、楚、陕、豫、甘等省，历时九载，是清代中期规模最大的一次农民战争。川楚教乱标志着清朝走向衰落的开始。

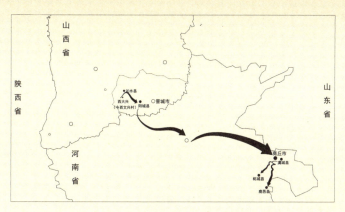

图1-10 柳氏商业活动路径示意图

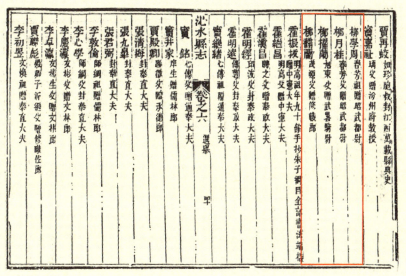

图1-11 清光绪《沁水县志·卷之六·选举·恩荣议叙》柳春芳父兄所获恩荣

提供役夫、草料、战马等军饷,全国掀起了大规模的"捐输"行为,沁水也不例外。嘉庆年间时任沁水知县的徐品山写道:"自元年用兵川楚,而行役尤多。回忆莅任以来,督解甘饷者二,接解陕饷者再"[1],沁水县因川楚之役输军饷三次,其中为甘肃军两次,陕西军一次。

---

[1] 见清光绪《沁水县志·卷之十一·艺文》,徐品山撰文,《重修〈沁水县志〉序》。

嘉庆六年（1801年），为缓解"陇右军需孔急"（陕西军），已近晚年的柳春芳携子侄一同"慨然捐输"。[1]朝廷为奖励和议叙个人捐输钱粮的行为，对其及祖上二代封官赏爵：柳春芳"晋秩都司"[2]；长子柳茂中"值川楚不靖，以军功授昭武都尉"，并"赠封祖及父如其官"[3]；柳旭东"遵例急公，敕授武略骑尉"[4]。早亡的长兄柳擢兰终"以子旭东遵例敕赠武略骑尉"[5]。柳春芳还尽职尽孝地替父亲考虑，"不使有憾，为兄捐职"，又为同年去世的仲兄柳翰兰"貤赠修职郎"。[6]同时"捐输"也为祖上显声扬名："柳学周，乃捐职都司柳春芳之祖父……兹以尔孙克襄王事，赠尔为昭武都尉"[7]；"柳月桂，乃捐职都司柳春芳之父……尔柳月桂，乃捐职都司柳春芳之父……兹以尔子克襄王事，赠尔为昭武都尉"[8]（图1-11）。同一年上下四世齐受恩荣，光耀门楣，"里之人咸荣之"[9]。柳春芳几乎以一己之力将柳氏家族推向了短暂而猛烈的第二次兴盛。

这一时期柳氏所获恩荣颇多，清嘉庆《沁水县志·卷之六·选举·恩荣议叙》中记载较为全面：

恩荣议叙

柳春芳，嘉庆六年议叙把总。

柳茂源，嘉庆六年议叙县丞。

柳旭东，嘉庆六年议叙把总。

封赠

柳学周，春芳祖，克襄王事，赠昭武都尉（武官散阶正四品）。

柳月桂，春芳父，克襄王事，诰赠昭武都尉（武官散阶正四品）。

柳擢兰，旭东父，遵例急公，敕赠武略骑尉（武官散阶正六品）。

柳翰兰，茂源父，遵例急公，赠修职郎（文散官阶正八品）。

1　见清嘉庆二十五年（1820年），霍庆姚撰文，《诰封中宪大夫建章柳公墓表》。
2　见清嘉庆十四年（1809年），窦心传撰文，《皇清例授昭武都尉圣和柳公暨配例封恭人宋王孺人合葬墓志铭》。都司为清绿营武官军阶，分领营兵，秩正四品。
3　见清嘉庆二十五年（1820年），霍庆姚撰文，《诰封中宪大夫建章柳公墓表》。
4　见清光绪《沁水县志·卷之六·选举·恩荣议叙》。
5　见清嘉庆八年（1803年），郑琬撰文，《皇清赠武略骑尉廷显柳公暨杨安人墓表》。
6　见清嘉庆十四年（1809年），窦心传撰文，《皇清例授昭武都尉圣和柳公暨配例封恭人宋王孺人合葬墓志铭》。
7　见清嘉庆六年（1801年），《柳春芳祖父母诰封碑》。
8　见清嘉庆六年（1801年），《柳春芳父母诰封碑》。
9　见清嘉庆十四年（1809年），窦心传撰文，《皇清例授昭武都尉圣和柳公暨配例封恭人宋王孺人合葬墓志铭》。

柳旭东，遵例急公，敕授武略骑尉（武官散阶正六品）。

为此，嘉庆八年（1803年），柳春芳专门出资为两位获得封赠的兄长"勒石公茔"[1]，并嘱托同乡进士为其书写墓表，以表柳氏功名。

除了报效朝廷，柳春芳也秉承了柳氏家族一贯的家风："家富提携亲戚，岁饥赈济邻朋"[2]，数次在危难时期开仓放粮，义举恩惠周边百姓：

"岁在癸亥（1803年），邑荒，余公以先人之命，□邑人□如□三年，盖全活者凡八村，而不可以人数计焉。"[3]

"嘉庆九年（1804年）岁歉，散粟数百石[4]赈济七村人。各村皆颂其德，以匾其门。"[5]

"嘉庆十一年（1806年），大无秋，公出粟赈济村民，兼及邻村，沾惠者四百余家，众感泣，莫能忘，因悬匾树碑。"[6]

在最后一次开仓放粮的第二年，"嘉庆丁卯（1807年）二月间"[7]，柳春芳身体欠安，恐不久于人世，故将长子柳茂中"召于榻前，爰命之以轻财重义、推己济人"[8]，留下遗训："尔□当克勤克俭，以守基业。乃有不肖子弟……荡产破家，其祸犹小，败坏家声，其患甚大，当驱逐之毋贷……"[9]创业的艰辛以及长期背井离乡的心酸，也许只有柳春芳本人最清楚："吾今六十八岁矣，辛苦一生，始有微赀，可谓艰难之至"[10]。未几日，在商贸界风生云起的柳春芳走到了人生尽头，柳氏家族的命运也随之下滑。

柳春芳去世后，长子柳茂中"恪遵父命，不稍有违"，根据父亲遗言，"撰为传家碑记，大约以轻资财、不析箸为要务。一时远近相传，有柳氏家规之目"。[11]柳茂中子承父业，继续在外为了家族打拼。作为一介商人，他非常重视家乡文脉，"崇祀典也，重文教

---

1 见清嘉庆八年（1803年），郑琬撰文，《皇清赠武略骑尉廷显柳公暨杨安人墓表》。
2 见清嘉庆十八年（1813年），郑观洛撰文，《文昌帝君谕训碣》。
3 见清嘉庆二十五年（1820年），霍庆姚撰文，《诰封中宪大夫建章柳公墓表》。
4 见明，张自烈．《正字通》："斛，今制五斗曰斛，十斗曰石。"
5 见清光绪《沁水县志·卷之八·人物·卓行》。
6 见清嘉庆十四年（1809年），石交泰撰文，《诰授昭武都尉目赠中宪大夫圣和柳公墓表》。
7 见清嘉庆十二年（1807年），无落款，《河东柳氏传家遗训碑》，根据其中时间、年龄描述可推测为柳春芳口述。
8 见清嘉庆二十五年（1820年），霍庆姚撰文，《诰封中宪大夫建章柳公墓表》。
9 见清嘉庆十二年（1807年），无落款，《河东柳氏传家遗训碑》，根据其中时间、年龄描述可推测为柳春芳口述。
10 见清嘉庆十二年（1807年），无落款，《河东柳氏传家遗训碑》，根据其中时间、年龄描述可推测为柳春芳口述。
11 见清嘉庆二十五年（1820年），霍庆姚撰文，《诰封中宪大夫建章柳公墓表》。

也"[1]，组织族人于"嘉庆辛未岁（1811年）……创修魁星阁、真武阁、文昌阁"[2]。嘉庆壬申岁（1812年），柳茂中"恐魁星阁终毁"，"居中州（今河南）"时特意"寄书命更新其规模，以祀文昌帝君"，并"独捐资以成之。"[3] 三庙建成之际，柳茂中考虑到修缮经费问题，提出非常有远见的建议："村落之庙，不久必敝，拟捐赀以增修之。"[4] 可惜未及时落实，柳茂中于嘉庆二十五年（1820年）去世。柳茂中一生"淡于名……轻乎利"，为辅佐其父而"弃笔砚，游河洛间"；独资扩建魁星阁，族人建议"不可不志"，他却淡淡地回应："无庸，但取木石之资、工匠之费开载之，足矣。[5]"

（3）道光至宣统年间衰败

兄长去世后，其弟柳茂源开始成为一家之主。柳茂源以孝顺著称，对柳翰兰"克尽子职，不啻所生"[6]，于"道光元年，公举孝廉方正"[7]。但是由于家族产业皆是"父兄数十年备尝辛苦，留此基业"[8]，柳茂源对商业运作并不熟悉，家境每况愈下。

道光四年（1824年），距柳茂中去世仅四年，因"数年以来，疏于料理，日费益繁，又兼生意赔累，银票赔数，以致浮记长支，家中使用尽属本金，通盘计算，已将阳、沁四典本金耗致十无二三……"虽然"父兄言犹在耳：教子孙世世同居，生意财产，永不许瓜分"，但动用本金分家之势已在所难免。柳茂源"将商丘二典本金，每份拨给钱五千串"，共十四份，其中分给其子侄十三人，外加长子长孙柳黄甲额外一份。[9] 由于柳擢兰早亡，柳翰兰"艰子嗣"[10]，柳春芳生的四个儿子，三子过继给其长兄，二子过继给其仲兄，所以这"兄弟十三人，虽系三支，皆是先祖一脉"，实际上都为柳春芳一脉繁衍，即其"孙十三：琳，贡生，瑢、瑜、玠，茂中子，瑜，出继公胞任捷元为嗣；瑸，庠生；再珮、珺、瓒，茂

---

1. 见清嘉庆年间，窦心传撰文，《魁星阁新建记》。
2. 见清道光三十年（1850年），柳茂源撰文，《重修庙宇募缘碑叙》。
3. 见清嘉庆十七年（1812年），柳茂中撰文，《重修文昌阁真武阁魁星阁碑记》。
4. 见清道光三十年（1850年），柳茂源撰文，《重修庙宇募缘碑叙》。
5. 见清嘉庆十七年（1812年），柳茂中撰文，《重修文昌阁真武阁魁星阁碑记》。
6. 清嘉庆八年（1803年），李秉枋撰文，《赠修职郎东阁柳公暨孙孺人墓表》。
7. 见清光绪《沁水县志·卷之六·官阶·职衔附》。孝廉方正，指清代皇帝特诏举行的选拔官员考试。始于雍正，之后每年新君即位，皆诏告直省府州县卫，各举孝廉方正之士，赐六品章服，以备召用。
8. 见清道光四年，柳茂源撰文，《柳氏家训碑》。
9. 见清道光四年，柳茂源撰文，《柳氏家训碑》。
10. 见清嘉庆八年（1803年），李秉枋撰文，《赠修职郎东阁柳公暨孙孺人墓表》。

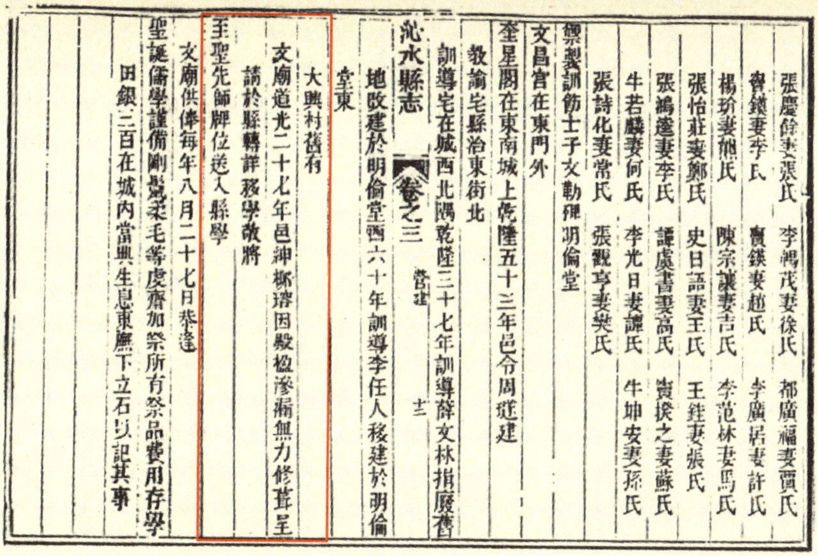

图1-12 清光绪《沁水县志·卷之三·营建·学校》中对西文兴村文庙的记载

源子，珺，出继公三子旭东为嗣；璋、瑞，旭东子；珽、珂、坤，旭初子"[1]。这十三人中最有建树的唯柳茂中之子柳琳。柳琳由贡生入仕，清光绪《沁水县志·卷之六·选举·官阶·职衔附》中记载其"候选州同，加二级"。贡监考职中考取一等者可候选州同[2]，在后期朝廷例行考核中又德望政绩突出，被议叙记录加级二级。可见柳琳是由贡生出身、担任实职的朝廷官员，并不像其祖父、叔父等由捐官所得。因表现突出，清光绪《沁水县志·卷之六·选举·官阶·职衔附》中记载其封赠二代："柳春芳，琳祖，赠中宪大夫（文散官阶正四品）。柳茂中，琳父，赠中宪大夫（文散官阶正四品）"。

道光十四年（1834年）时，关帝庙破败，"诸君欲将宏帝君之庙貌"，但因为"工程浩大，所费不赀"，柳茂源业已衰老，有心无力，想起兄长早年的建议，开始为重修庙宇撰文募捐，"遣兄子瑢暨余子 、从侄玿、侄孙黄甲等各持一簿，走恳仁人君子，慨赐千镪。"[3] 十余年后的道光三十年（1850年）才终于凑够资金将关帝庙重修完毕。

---

1 见清嘉庆十四年（1809年），窦心传撰文，《皇清例授昭武都尉圣和柳公暨配例封恭人宋王孺人合葬墓志铭》。
2 参《钦定吏部铨选则例》卷四，光绪十二年刻本。
3 见清道光三十年（1850年），柳茂源撰文，《重修庙宇募缘碑叙》。

道光二十七年（1847年），文庙也破败了，族人连募捐修缮都无力承担了。清光绪《沁水县志·卷之三·营建·学校》中记载："大兴村，旧有文庙……邑绅柳瑢（柳春芳之孙，柳茂中次子）因殿楹渗漏，无力修葺，呈请于县，转详移学，敬将至圣先师牌位送入县学文庙供奉（图1-12）。"这件事之后，柳氏文风更是一蹶不振："嗣后父老子弟不复睹衣冠文物之盛，习礼讲学之风遂以中辍，而文风亦因之不振。"[1]这与其家族兴盛时期形成鲜明对比："考村中当练民殷富时，笾豆器数悉依盛朝之制。春秋祀期，往往邑侯下临，或遣学官为代表，率四乡士子习礼讲学于其中，渐摩以诗、书、礼、乐之化，故当时科第联翩，民俗亦为之敦厚。"[2]

到了光绪年间，"大遭饥馑，子孙皆不能谋其生、保其身……东川田地大半典搁，当时如蜩螗沸羹，千钧一发。虽然祭祀尚未停止，较前甚差矣。斯种状态大约二十余年矣"[3]。此时期的柳氏只能通过典当大半家产勉强糊口了。

柳氏家族的第二次衰败，由于前期资产积累庞大，并不像第一次那样迅速。衰败的原因也非常了然，内因是经营管理不善、族人长期借贷生意本金不归还等；外因则是随着清朝末期的灾荒频繁、经济衰退、政治动荡等一系列社会不稳定因素而造成的典当行业整体萧条，国破而家亡。

4. 民国与新中国成立后的发展

到了民国时期，"国家厉行教育，令各村普设学校"[4]，"子孙耕读发达，世事潮流开通，愈渐文明"[5]。中国的封建王朝彻底灭亡，社会经济缓慢复苏，这一时期的柳氏后人主要做了两件事情：重修文昌阁文庙与修补庄田山场。

修复文昌阁文庙的工程由募资到完工持续了将近十年。民国元年（1912年），由"社首柳君青峻、青枝、启盛"发起，"郝君毓生、柳君增仁为经理，柳君庆云、士璋督厥工，计筹款一百八十余缗"，计划"将文昌阁暨各校室次第修葺"。然而由于"工程浩

---

1 见民国10年（1921年），张文焕撰文，《重修文昌阁文庙碑记》。
2 见民国10年（1921年），张文焕撰文，《重修文昌阁文庙碑记》。
3 见民国20年（1931年），柳士渝、柳延芳撰文，《庄田山场补修记》。
4 见民国10年（1921年），张文焕撰文，《重修文昌阁文庙碑记》。
5 见民国20年（1931年），柳士渝、柳延芳撰文，《庄田山场补修记》。

大，需费不赀"，"越两月，文昌阁工程完竣，而资已告罄，民力不继"，剩余的工程被搁置。后又历时九年的募集，"共募得三百八十余缗"，"嗣于九年（1920年）七月接续兴工，十月中旬落成。凡三越月，增修南房五间，屋下券窑二孔，东房五间，西厦两间，天门楼一座，以之设立学校，教室、斋舍灿然可观，并附设洗心分社暨宣讲所"。文昌阁及文庙的修复，实"为学校久远之计"，既有莘莘学子求学其中，也可供"一般人民聆听讲演"。在这样的氛围下，西文兴柳氏开始"改良风俗，增进知识"，"地方民俗日进于文明"。[1]

到了民国20年（1921年），柳氏十七世、十八世"发清、水洲、耀堂、长荣、锦堂、庆云、增仁等勤恳努力，及时经理，提倡恢复，整理会事"，提倡恢复六世祖柳逢春创业后被不肖子孙辗转典当的东川山场及大面积庄田，"前不忘祖先创业基础之辛苦，后遗子孙三坦之诚祭"。除了"抽赎废业，补修工程"，"又将奠祭所用家具什物笾、豆、磬置其充足"。[2]

民国时期的安定生活过了没多久，后因"战争不断，连年灾荒，不少户徙居外地谋生。坟墓被挖，祠堂被毁，家谱被烧"，"一九四六年，唯一的继志堂被沁水民办二高占用，拆毁了供桌和牌位、台阶。一九五〇年，二高撤销后，又被西文兴村公所和供销社占用。一九八〇年，全部拆毁，改建为小学校"。[3]柳氏后人对祖上留下的资产已经无暇顾及，柳氏民居在民国及新中国成立后的几十年间，一直处于无人保护、随意破坏的危险境地。族人在百余年的动荡不安中逐渐散至邻村、邻县乃至全省各地，如东文兴村、胡家沟村、芦坡村、阳城柳家河、阳城王曲、阳城崔凹村、南沃泉村、阳城石窑村、沁水县城、下格碑村、翼城北关、北沟村、太谷胡村、翼城南关村、阳城现场、柳家湾村、翼城南绛村、西文学村、岭东村等多处。[4]

至"一九八六年，柳氏民居被列为省级文物保护单位，县委党史办主任、副研究员王良先生，历经十多年，对柳氏民居古建工艺文化内涵碑记进行了考察研究，对柳氏民居研究开发付出了常人难以想象的代价，并邀请清华大学教授、专家进行了一年多的考察，经

---

1 见民国10年（1921年），张文焕撰文，《重修文昌阁文庙碑记》。
2 见民国20年（1931年），柳士渝、柳廷芳撰文，《庄田山场补修记》。
3 见2003年，无名氏撰文，《重建宗祠碑记》。
4 根据2004年无名氏撰文《柳氏宗亲捐资名续》推断。

国家级文物专家论证，西文兴古村落具有保护和极高的开发价值。"[1]

　　直到1986年，经各方仁人志士的不懈努力与付出，一直未得到足够重视的西文兴柳氏家族及柳氏民居才真正浮出水面，保护、研究、开发一系列工作接踵而至、步入正轨。为了保护文物古迹不再受到破坏，村民都移至不远处的新村落，柳氏民居开始发展为旅游景区，为世人彰显着这片曾经两次兴盛、无比辉煌的神圣土地（图1-13）。

图1-13 今西文兴村柳氏民居鸟瞰

---

[1] 见2003年无名氏撰文《重建宗祠碑记》。

【第二章】

西文兴古村的 空间格局

KONGJIAN GEJU

一、村落选址

西文兴村地处沁水县西南部，横卧于一条南北走向的山梁东侧。四周青山相峙，其地势西北高、东南低（图2-1）。村东以西洼庄、山隔岭为界，山岭呈三峰笔架之势，岭下近村处为溪涧；村南以柳沟为界与王庄村为邻，中有尖形山脉屹立于群岭之间；西以铁芦村为邻，伏虎山连绵九岗；北以老坟沟为界与上庄、石沟河相邻。

村西的坞岭自西而东分为两支，行向东南的一支为鹿台山，正处于西文兴村之北，当为村落的祖山。鹿台山自北而来，又分为两支，村之西侧山脉，今称西岭（古称凤凰岭或伏虎山），蜿蜒起伏，连绵九冈（图2-2、图2-3）。周边大大小小的山头，围合出的具有向心力的山谷空间，亦使得这一聚落有较强的凝聚性，增加了安全感。

对于西文兴村的选址，明嘉靖年间的《始修一房山碑记》中这样描述：

环吾乡，皆山也，山自太行，地北有鹿台蟠回，高出诸峰。南应历山，驰奔云矗，倚

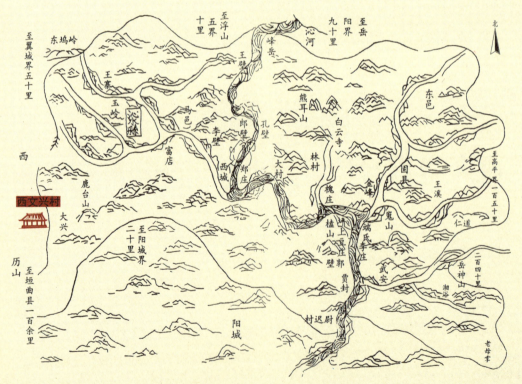

图2-1 西文兴村区位图（引自康熙《沁水县志》）

图2-2 村落最佳选址鸟瞰

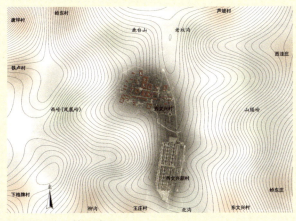

图2-3 西文兴村地形图

空向出者，千峰碧苍翠；东曲陇鳞鳞，下临大涧；西山隆沃，壮似行而复顾，或曰伏虎山，或曰凤凰岭。吾柳氏族世居之，最蕃且盛，岂非钟斯然哉？不然，奚若是也？先祖乡宾公，独羡是乡，欲营以楼，未果。

该村的水口位于北侧山脚下，河流沿村落东界线，自北向南流去。河水清澈见底、甘甜爽口，成为村民主要生活用水。

显而易见，西文兴村选择的这块风水宝地，北有祖山鹿台，南有朝山历山，东西各有隔山岭、西岭相护（图2-4），后世的柳氏对该址亦是十分满意。如清嘉庆年间的《魁星阁新建记》有文字这样描述：

"文兴村，沁南胜地也，由鹿台发源，迤逦十数里，而山势蟠结，九冈西绕，三台束护，东南尖山遥拱，正当文明之方，堪舆家争称之，以为文人代兴者，寅由于此。余不习青乌术，然至其地，远眺近瞩，而峰峦之回环、溪涧之曲抱，天然凑合，高下咸宜，无不历历可识焉。"

二、村落空间

1. 整体格局

西文兴村的地势中部相对平缓，东北、东南两端较低（图2-5）。为增强防御，使府邸院落更安全，柳家人抬高此处台基，将整个村落修筑于高台之上（图2-6）。并在村东

图2-4 西文兴村远景图

图2-5 西文兴村建筑年代分析图（现状）

图2-6 西文兴村南侧入口景观

沿土坎砌筑了一排上下两层的石窑洞，用来监视情况、保卫门户，由此构成村落边界的防护墙。其上皮另砌筑一道高于村落建筑台地的石质矮墙，形成一道南北向限定村落边缘兼具防御作用的寨墙。寨墙北端又开一个界定村落出口空间，作为村民往来通行的寨门。

其中，村东防护墙底层建有七孔砖窑（图2-7），从外观看，排排砖窑，层层叠叠，且窑门前还建有封闭型的防护花墙，外人难以攀入，内行路却畅通无比。而今，东南侧的防护墙及七孔窑洞已被翻修（图2-8），东北侧的寨墙及寨门被毁，并无遗迹存留。

西文兴村西北侧并没有专门的村墙，而是利用自然的地景条件，形成自然边界。村东的河流、村口的大树、村南的沟壑，这些也是村落边界的象征，它们共同体现出村落

图2-7 七孔窑洞今貌

图2-8 防护墙上的砖石窑洞

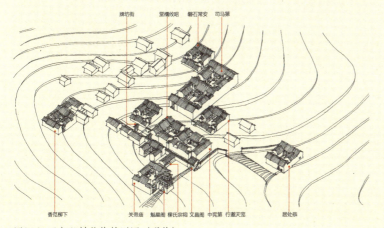

图2-9 西文兴村整体轴测图（现状）

边界的多样性和层次感。

西文兴村内建筑分布较为集中（图2-9～图2-13），其建筑布局分三部分：从村口到牌坊街南侧为第一部分，当地人称之为外府区（图2-14）[1]，包括柳氏宗祠、关帝庙、魁星阁、文庙、纸帛楼、圣庙等；第二部分为牌坊街向北的内府区，由于历史、自然等诸多因素，内府区的建筑已损坏不少，现保存完好的还有府内环形小街、司马第、中宪第、行邀天宠等；第三部分为中间区，处于内外府交接处，主要是文昌阁和两个石牌坊所在的内街。

根据楼庆西所著的《西文兴村》，昔日的西文兴村有"九门九关"之称[2]，其得名于内府的一房山、清洁传芳和宫墙三座门，中府的永庆门、环山居、文昌阁三座门，以及村口的魁星阁门和真武阁门，加上村北的寨门也是三座门。

---

1 外府、内府、中府的定义乃后人赋予，而非古代就有。
2 "九门九关"之称，是依据楼庆西《西文兴村》（河北教育出版社2003年版，第31页）。

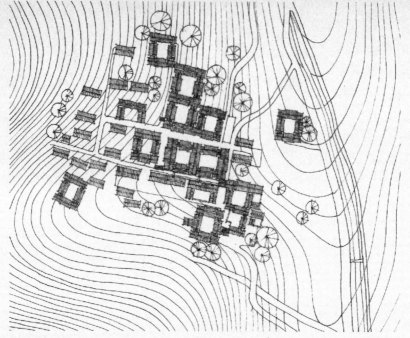

图2-10 西文兴村屋顶平面图（复原）

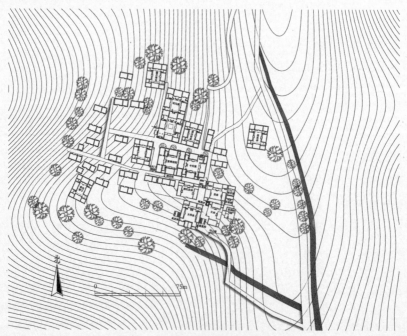

图2-11 西文兴村首层平面（复原图）

根据现存建筑的始建年代推测，由明清至今，西文兴村的建筑自村落南侧向北侧生长（图2-15），先有了南侧接近村口的居住建筑及部分公共建筑，而后建筑逐步自临近水源的东侧向西扩建。

一般民宅忌正南正北或正东正西，西文兴村亦是如此。通过分析村落各院落中轴线的方向，可得出整个村落的轴线并非正南正北，而是与子午线有所偏离，大体呈坐东北向西南，为"艮山坤向"方位（图2-16）。

2．街巷空间

西文兴村的街巷格局十分简明，呈脊肋式。中心有贯穿文昌阁、魁星阁的南北向主街，作为脊柱主体，并由此向四周发散辅路（图2-17）；其主要道路有村东侧的出入村坡道，位于内、外府交界处的丁字街，以及牌坊街以北的东西向次街。

村落东南侧的出入村坡道源自东南方的土沃乡，由道路南端的坡底直通北端高台，其北端正对魁星阁，且与关帝庙相连，整体顺应地势呈南北向生长，自然蜿蜒；丁字街则由东西向的牌坊街，及牌坊街中段，贯穿永庆门、一房山的南北向的辅街组成。其中，牌坊街呈东西向，并位于文昌阁正西侧，顾名思义，这条街的得名来自其自东向西依次伫立的两座石牌坊——"丹桂传芳"和"青云接武"。这两座牌坊之间的永庆门作为一进入居住建筑群的入口标志，与两座牌坊、文昌阁四点一线，横向贯穿整条牌坊街，并成为村落外府空间的重要景观轴线。牌坊街以北的东西向次街两侧，集合了四合院及组合院形制的民居建筑。各院落大门朝向则分为两种：朝向纵街开启的宅门和朝向横街开启的宅门（图2-18）。

3．节点空间

西文兴村在内外府中形成一系列灵活的节点（图2-19）。其中，主要节点空间有四处，自外府至内府分别为关帝庙、魁星阁所处的村落入口空间，柳氏宗祠、文昌阁前的空地（图2-20），永庆门所处的丁字街交点处，以及一房山所处的丁字街与内府东西次街的交点处。这些节点均位于主要街巷的转折或交会处，并由此形成了具有复合功能的连贯空间。

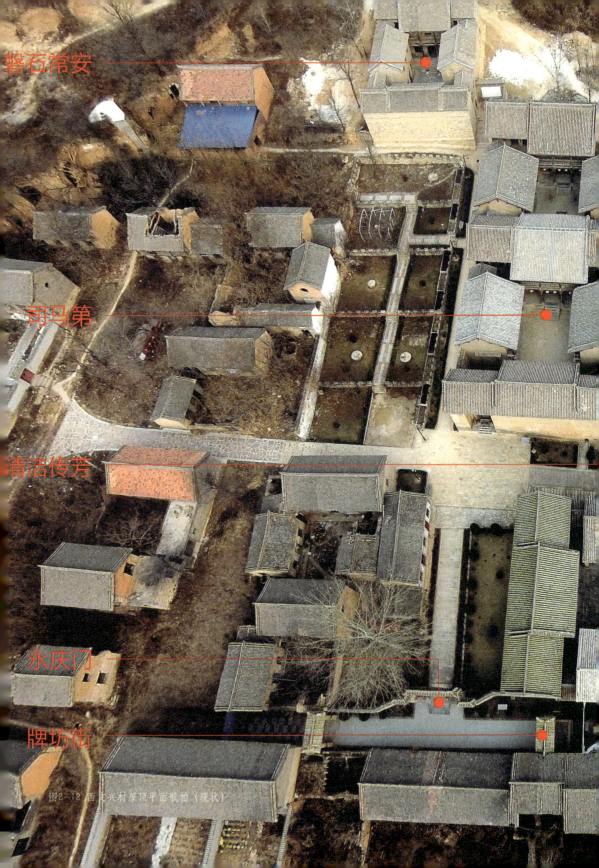

图2-12 西文兴村屋顶平面航拍（现状）

图2-13 西文兴村鸟瞰近景航拍图

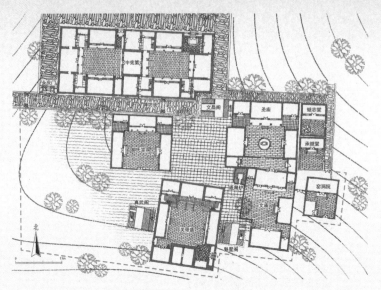

图2-14 外府区建筑复原图[1]

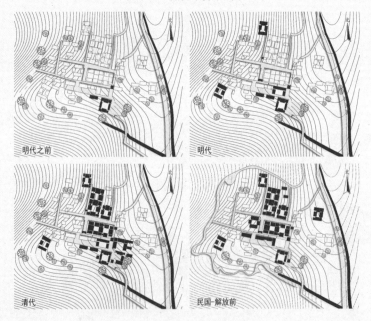

图2-15 西文兴村生长过程猜想图

---

1 文庙、圣庙、窑洞院、继志堂、承继堂位置参考,楼庆西《西文兴村》(河北教育出版社2003年版,第22页),其他建筑为自绘。

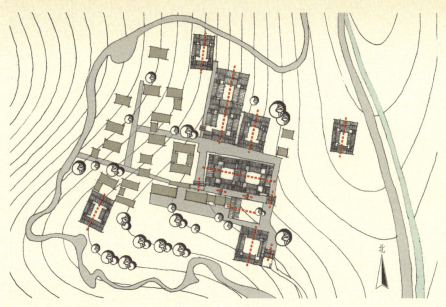

图2-16 院落轴线分析

图2-17 西文兴村主要道路（复原）

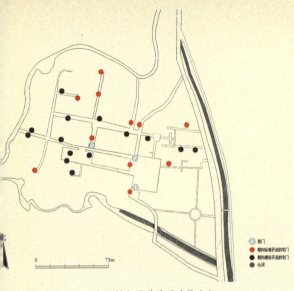

图2-18 西文兴村主要道路及建筑出入口

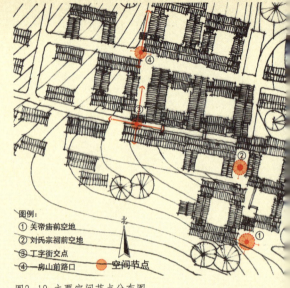

图2-19 主要空间节点分布图

图例：
① 关帝庙前空地
② 刘氏宗祠前空地
③ 工字街交点
④ 一房山前路口
● 空间节点

图2-20 柳氏宗祠前的空地

　　西文兴村以魁星阁、文昌阁两点一线，作为南北轴线，以横穿两座牌坊与永庆门的牌坊街为东西轴线，由此而产生的空间序列也是沿轴线的纵深方向逐一展开的。东西贯穿，以关帝庙与柳氏宗祠为西，文庙、圣庙为东。两条延长的轴线在柳氏宗祠与文昌阁处相交，这一交点又成为村落小规模、集散型的中心节点。而后期文庙、圣庙被毁，该节点空间处的空地进一步向东扩大，由于山地建筑空间紧凑，少有修建广场的余地，因此该处在功能上又代替了小型广场的作用，为村民聚会、祭祀、休憩、举办庆典所用。

　　此外，这些节点亦具有多义的空间特征，同时影响着村民的心理、生理及行为，成为人们观景、聚集的重要平台，也在日常中构成了丰富的生活场景。

【第三章】

西文兴古村的公共建筑

GONGGONG JIANZHU

一、公共建筑概述

西文兴村公共建筑类型比较丰富，有庙宇、楼阁、牌坊、过街楼等（图3-1）。清末时期，村东南的村口部分仅占全村面积的不足百分之十，却集中分布了宗祠、文庙、圣庙、文昌阁（表3-1、表3-2）、魁星阁、关帝庙、一房山[1]等公共建筑。推测多已毁（图3-2～图3-6）。

已毁公共建筑概况　　　　　　　　　　　　　　　　　　　　　　　表3-1

	名称	选址	形式	建筑形制
已毁公共建筑	一房山	永庆门内南北街北端，司马第西侧	观景式城台建筑	四层楼阁式建筑（下为城台，上为楼阁）
	环山居	村南入口处	石牌楼	门牌楼
	文庙	关帝庙东侧	孔子-文庙	（北、南、东）三合院形制
	圣庙	文庙北侧，文昌阁东侧	庙宇（供奉历代圣主帝王）	（东、西、北）三合院形制
	继志堂	圣庙东侧偏北	一庭院一正殿[2]	分祠堂，其细节无从考究
	承继堂	圣庙东侧偏南	一庭院一正殿[3]	分祠堂，其细节无从考究
	真武阁（玄武阁）	村口（关帝庙西）	真武大帝-楼阁	阁楼两层，坐落于高大台基上（与魁星阁类似）

现存公共建筑概况　　　　　　　　　　　　　　　　　　　　　　　表3-2

	名称	选址	形式	建筑形制
现存公共建筑	柳氏宗祠	关帝庙西北	祠堂：祭祀家族祖先	三合院形制
	关帝庙	村南入口处	关帝-武庙	一正殿一戏台
	牌坊街	文昌阁西侧	两座牌坊	成贤牌坊附八只教化石狮

1　明嘉靖年间碑刻《始修一房山碑记》载："嘉靖庚子春三月，先君暨叔处士公遂果之，成于辛丑年冬十月。楼高七丈，巍然并群山而立。"
2　据村里的老人、工匠回忆，推断出其初始位置及大致形式，如今已无文献考证。
3　据村里的老人、工匠回忆，推断出其初始位置及大致形式，如今已无文献考证。

续表

	名称	选址	形式	建筑形制
现存公共建筑	魁星阁	村口（关帝庙东）	风水楼（魁星-楼阁）	阁楼两层，坐落于高大台基上
	文昌阁	村口（关帝庙北）	文昌帝-楼阁	阁楼一层，坐落于高大台基上
	永庆门	牌坊街中部	八字形门洞	八字形随墙门
	墓室	后山老坟沟	墓穴：埋葬家族祖先	"金龟探水"形奇穴

图3-1 公共建筑分布图

图3-2 文庙遗址（今貌）

图3-3 一房山题刻（老照片）

图3-4 一房山遗址（今貌）

图3-5 真武阁拱门题刻——九冈右环（老照片）

二、典型公共建筑

1. 关帝庙

关帝庙位于魁星阁西侧,柳氏宗祠南侧,紧邻西文兴村东南侧入口处。当年殿内供奉着关帝[1]、义子关平[2]、武将周仓[3]侍立于其左右,惟庙中原来的塑像已荡然无存了。

关于关帝庙的始建年代,现已不得而知。但对于明后期的一次重修,明万历十一年(1583年)《重修关王庙碑记》中有较为详细的记载(图3-7):

西文兴之有关王庙,其来尚矣。建置始末,靡得考焉。至嘉靖中,庙近沙崖日浸,浸及廊柱,予叔大夏于庙之东,施地一区,予遇春暨从弟方春拆旧材而易以新木,修正殿四楹。遇春募画工绘之。左右耳殿各两楹,东西廊各四楹,门房四楹,皆以旧庙基易价而修之者,始于嘉靖己未春三月,至秋九月厥工告成。

由此可知,关帝庙重修于西文兴的柳氏第六代,其始建年代必定早于该时期。最初的庙址在现址的西边,因为地基日益受到侵蚀,并极易腐蚀庙宇的廊柱,所以只能在东边重建。到了乾隆年间时,关帝庙"风雨飘零,墙垣颓毁",于是动工再次重修,"重振根基,固砌墙垣"[4]。时隔数十年后,即清道光三十年(1850年),关帝庙因房屋倒塌,被再次大规模修理[5]。根据清乾隆三十二年(1767年)《关王庙重修碑记》和道光三十年(1850年)《重修庙宇募缘碑叙》的记载,两次重修主要是在原址基础上拆除或扩大规模,因此,现存的关帝庙基本保持着明嘉靖年间的基本格局。

关帝庙面积不大,约占地500平方米(图3-8),平面呈长方形,东西宽19.8米,南北长25.5米(图3-9~图3-12)。其入口大门设置在庙的东墙南侧,向东而开,面宽三间,采用凹廊形式。门廊地坪与室外地面之间有六步台阶的高差。大门明间两侧立有两根方形石柱,柱下有圆形雕花柱础。门内有影壁。

---

[1] 关帝,山西解州人,三国时名将,被后世称为"武圣人",与"文圣人"孔子齐名。明清时期,各地活动村落,多将关帝当作保护神,因此,柳家人本着求财、保平安的寓意,在村中修建关帝庙,也就不难理解了。
[2] 关平(178~220年),蜀汉名将关羽之子。
[3] 周仓,字元福,是历史小说《三国演义》中的人物,其形象为身材高大、黑面虬髯的关西大汉,本是黄巾军出身,关羽千里寻兄之时请求跟随,自此对关羽忠心不二,在听说关羽兵败被杀后,周仓也自刎而死。
[4] 引自清乾隆三十二年(1767年)《关王庙重修碑记》。
[5] 参见清道光三十年(1850年)《重修庙宇募缘碑叙》。

图3-6 环山居题刻（老照片）

图3-7 重修关王庙碑记

图3-8 俯瞰关帝庙

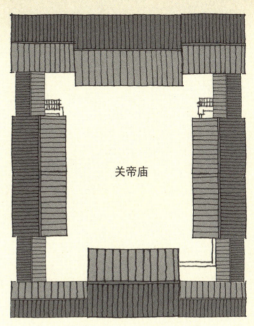

图3-9 关帝庙屋顶平面图

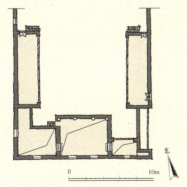

图3-11 关帝庙二层平面图

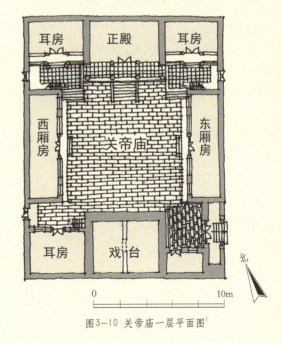

图3-10 关帝庙一层平面图[1]

1　临摹自：楼庆西.西文兴村.河北教育出版社，2003.42.

庙内庭院兼有祭拜与观戏之功能。东西两侧各有两层楼阁式看台。北侧的正殿建于高台阶之上，面宽三间，前有檐廊，四根石造檐柱架着额枋，枋上有出双挑的斗栱。四根石柱均呈方形抹角（即不等边八角形），柱下有圆鼓与八角形相叠的雕花石柱础。正殿屋顶用黄绿二色的琉璃瓦剪边。正脊和垂脊镶砌着琉璃瓦，正脊两端有张嘴吞脊的吻兽（图3-13~图3-18）。

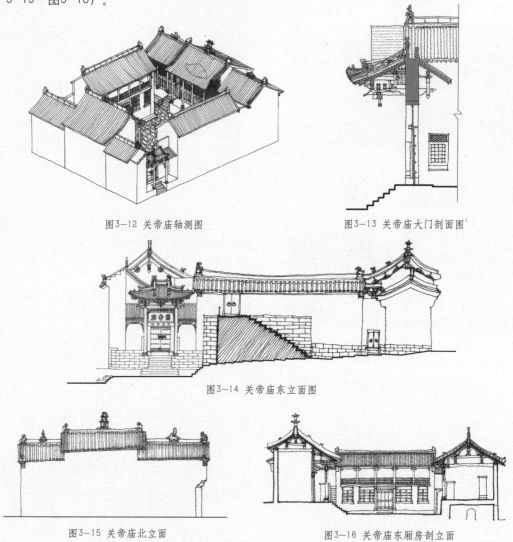

图3-12 关帝庙轴测图　　　　图3-13 关帝庙大门剖面图[1]

图3-14 关帝庙东立面图

图3-15 关帝庙北立面　　　　图3-16 关帝庙东厢房剖立面

1 临摹自：楼庆西撰文.西文兴村.河北教育出版社，2003.43.

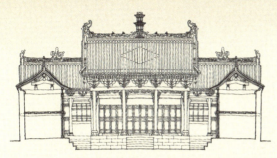

图3-17 关帝庙正殿剖立面

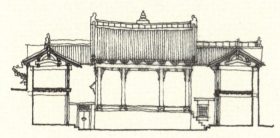

图3-18 关帝庙戏台剖立面[1]

正殿对面为戏台,台口正对正殿。戏台面宽三间,台基高约1.5米。庭院东西两边为配殿,各五开间。配殿上面则为观戏的看台。相传,村中的女性不得在庭院中看戏,而需从东厢房外侧的楼梯穿过侧门进入二层看台(图3-19~图3-22)。

图3-20 关帝庙入口处大戏台

图3-19 关帝庙大门

图3-21 关帝庙正殿及配殿

---

1 临摹自:楼庆西撰文.西文兴村.河北教育出版社,2003.48.

2. 柳氏宗祠

在山西传统村落中，祠堂是不可或缺的，它不仅是后辈供奉祖先的场所，也被视为宗族的象征，用以维系血缘关系。村中的隆庆六年（1572年）《柳氏祠堂仪式碑记》载："一祠堂，世世主于宗子，不得分析，如有损坏及时修理，当洒扫洁净，严加锁闭，非参谒，勿擅开入，及将一应闲杂器物置放于内。"

西文兴村的柳氏宗祠始建于明嘉靖年间。对于祠堂的修建年代，上述的《柳氏祠堂仪式碑记》中有明确记载："至隆庆己巳仲冬吉，遂建祠堂于居地之东南，壬申春，始克成之，以处祀事"。乾隆七年（1742年）《重修祠堂碑记》中也提道："祠堂之修也，建自明时先祖遇春、方春、富春等。"但到了明末，祠堂遭到很大破坏烧毁，"房屋损坏，老幼皆逃，先祖之堂，遂成狼狈也"。于是，到乾隆六年（1741年），开始重修祠堂，乾隆七年重修竣工。重修后的祠堂，规模较大，"建修堂殿五间，增补东西各五间，以及大门、便门，共费银钞百有余两"[1]。后来，随着支系的发展，又在宗祠的东面修建了两个分祠，即继志堂及承继堂。现两个分祠均已被毁（图3-23～图3-25）。

1931年，宗祠迎来又一轮翻修[2]，"抽赎废业，补修工程，又将奠祭所用家俱什物"[3]。新中国成立后，祠堂在20世纪80年代被毁[4]。今日宗祠是后人聚资于2002年在原址上重建的[5]。

3. 牌坊

村中现存两座石牌坊，位于横穿文昌阁的街巷上，自西向东依次为"丹桂传芳"与"青云接武"坊。前者建成于明嘉靖二十三年（1544年），后者为明嘉靖二十九年（1550年）修建。

---

1 上述文字引自乾隆七年（1742年）《重修祠堂碑记》。
2 1931年《柳氏祠堂重修碑记》记载："世祖柳逢春，产业阔大，亲置东川山场，年六旬，身乏子嗣，因而将产业充公于祠堂。"
3 引自民国20年（1931年）《庄田山场补修记》。
4 2002年《重建祠堂碑记》："被西文兴村公所和供销社占用，一九八〇年全部拆毁改建为小学校。"
5 2003年《重建宗祠碑记》："柳氏民居实业开发有限公司董事长孙聚才出资三十五万元，于二〇〇二年十二月重新修建了西房五间河东柳氏宗祠和柳宗元塑像碑墙等。"

图3-22 关帝庙西北角

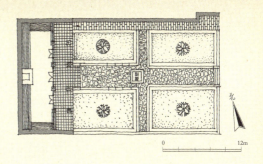
图3-23 柳氏宗祠总平面图（现状）

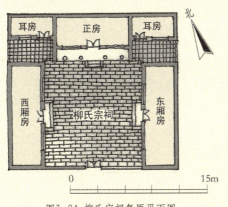
图3-24 柳氏宗祠复原平面图

图3-25 柳氏宗祠近景

这两座牌坊均为全石仿木结构，二者除所题文字及石狮造型不同外，其宽窄、高低、结构等大体相同。每座牌坊的左右各立两方形石柱，柱下前后各有两块夹杆石夹住立柱，夹杆石上各坐卧一只石狮，石狮形象各异、活灵活现。立柱之上有月梁形石雕横枋架于两侧柱顶之上，横枋由其下侧两端的斗栱托起固定，枋上为雕字牌匾，记载了所嘉奖之人。牌坊正上端有四攒石质斗栱承挑着石顶。石顶采用仿木结构，均有吻兽、屋脊、瓦当、滴水等构件（图3-26～图3-34）。

4. 魁星阁

魁星阁位于村东南侧，始建于清嘉庆年间。对于魁星阁的修建，清嘉庆年间《魁星阁

新建记》中有较为详细的记载：

  第其时文庙功成，而魁星阁未建。建章公曰："村之东南，地势渐下，将欲修一阁以补之，祀魁星神，但未能一蹴起耳。"余曰："文庙之外，必有魁阁，公所计诚善。"别后，余因补职赴吏部候铨，寄居京邸。建章公遣使走书云："今岁建阁，工资皆会众捐之募之，集十余年而获者尚有未给，自补足之。真武阁既有以志之矣，魁星阁乞一言以垂久远。"

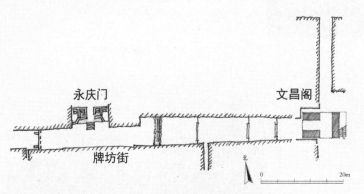

图3-26 牌坊街平面图

图3-27 成贤牌坊轴测图

图3-28 青云接武牌坊正立面[1]

图3-29 丹桂传芳牌坊正立面[2]

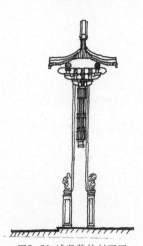

图3-30 诚贤牌坊剖面图

---

1 临摹自：楼庆西.西文兴村.河北教育出版社，2003.78.
2 临摹自：楼庆西.西文兴村.河北教育出版社，2003.78.

图3-31 牌坊街教化石狮

图3-32 丹桂传芳牌坊透视

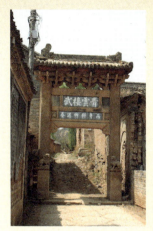
图3-33 青云接武牌坊透视

图3-34 牌坊街透视图

碑文中提到村东南方向地势较低,所以建魁星阁以"补之",这说明魁星阁的修建有风水上的考虑。新中国成立初期,魁星阁已仅存下部高台,上部楼阁被毁,今貌乃后人重建而成。魁星阁底层为南北打通的砂石砌筑的拱形高台。南侧有匾为"光照艺林",北侧有匾为"三台左抱"。"三台左抱"指村东面三峰组成的笔架山。如若仔细观察其牌匾,便会发现,"魁"字少了一点,传说为保佑世世代代高中状元,此点被用于点状元,因而未出现于匾上,由此也可反映出柳家人期盼后世能金榜题名、光宗耀祖(图3-35~图3-43)。

5. 文昌阁

文昌阁位于柳氏宗祠东北角,关帝庙北侧,始建年代不详,清嘉庆十七年重修。清嘉庆十七年(1812年)的《重修文昌阁真武阁魁星阁碑记》记载:"文昌阁旧址也,昔祀菩萨于上,后因破坏,于三台山庙修南殿,移像其中祀之。辛未岁,建真武阁、魁星板,未经彩绘,已为勒石。"

整栋阁为两层高,属楼阁类建筑,悬山顶,与魁星阁、真武阁(已毁)三足鼎立,一

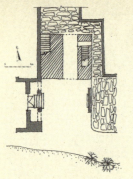
图3-35 魁星阁一层平面图[1]

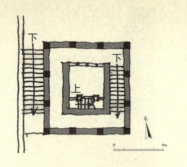
图3-36 魁星阁二层平面图[2]

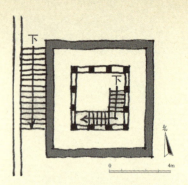
图3-37 魁星阁三层平面图[3]

图3-38 魁星阁轴测图

图3-39 魁星阁立面图

图3-40 魁星阁与关帝庙摇首相望

图3-41 魁星阁远景

图3-42 魁星阁石拱门外题刻"光照艺林"

1 临摹自：楼庆西.西文兴村.河北教育出版社，2003.80.
2 临摹自：楼庆西.西文兴村.河北教育出版社，2003.82.
3 临摹自：楼庆西撰文.西文兴村.河北教育出版社，2003.83.

同构成村口的重要门户。阁内层原供奉有文昌帝君及观音雕像各一座。"文昌帝君",又名"文曲星"或"文星",乃是中国古代神话中主宰功名、禄位的神。过去读书人十年寒窗多为求得功名,故多供奉此神。柳氏先人多是书香门第,希望依靠文采而平步青云,因此通过修建文昌阁来求得高中[1],则为情理中的必然。

文昌阁的底层为黄砂石质台基,西、北、南三面辟拱形洞口,与纵横街道相通。三面门洞上面均有黑底白字石匾,分别刻有"凝瑞"、"鹿台挺秀"、"行屋拱翠"。台基东侧有台阶可直上二层。二层楼阁面宽三间,南北两侧皆有空廊。廊前有1.2米高的十字形镂空围栏,起防护作用(图3-44~图3-53)。

图3-43 魁星阁石拱门内题刻"三台左抱"

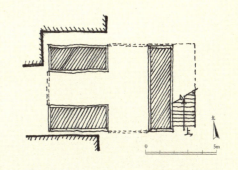

图3-44 文昌阁一层平面

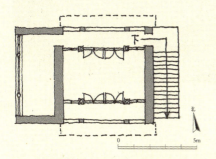

图3-45 文昌阁二层平面

图3-46 文昌阁轴测图

图3-47 文昌阁正立面图

---

1 民国10年(1921年)《重修文昌阁文庙碑记》记载:"春秋祀期,往往邑侯下临,或遣学官为代表,率四乡士子习礼讲学于其中,渐摩以诗、书、礼、乐之化,故当时科第联翩,民俗亦为之敦厚。自前清道光年间,殿宇倾圮,呈请移此圣木主于县城文庙,嗣后父老子弟不复睹衣冠文物之盛,习礼讲学之风遂以中辍,而文风亦因之不振。迄今百有余年,抚遗址而怀旧迹,不能无今昔之感。始至民国元年,国家厉行教育,令各村普设学校。维时村首柳君青峻、青枝、启盛,拟规复旧观,为学校久远之计,爰集社众商议,将文昌阁暨各校室次第修葺,余以为然。"

西文兴 古村

|山|西|古|村|镇|系|列|丛|书|

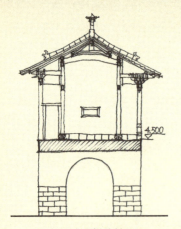

图3-48 文昌阁纵剖面图

图3-49 文昌阁速写

图3-50 文昌阁速写

图3-51 文昌阁楼下三门相辉

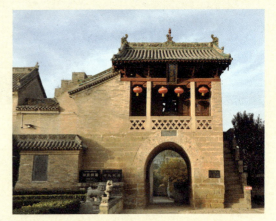

图3-52 文昌阁近景

图3-53 文昌阁西侧匾——凝瑞

6. 永庆门

永庆门位于两座牌坊之间的北侧，呈"八"字形。门上书"河东世家"，门洞两侧则题有"孝""忠"两个大字，遒劲有力。门洞上饰以雕花，用石料发券，又有明代户部尚书王国光[1]题的一副楹联："屏障插文峰百世书香飞骥足，楼台围带水九天水暖出龙头"。此外，八字影壁南侧墙上，刻有"忠"和"孝"字（图3-54~图3-59）。

图3-54 永庆门立面

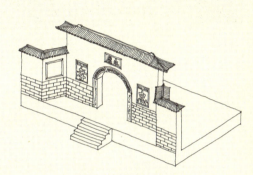

图3-55 永庆门轴测图

图3-56 永庆门速写

图3-57 永庆门上"忠"、"孝"题字

---

1 王国光（1512~1594年），字汝观，号疏庵，明泽州阳城（今山西阳城县）人。嘉靖二十三年（1544年）进士，官至吏部尚书，官运坎坷，几进几退，前后从政四十年，是明代著名的政治家、财政家和文学家，万历年间辅佐张居正实行改革，对万历中兴起到了积极的作用。

图3-58 永庆门老照片[1]

图3-59 永庆门远景

7. 后山的墓室

西文兴村柳氏族人的茔墓，位于村北约1.5公里处的老坟沟。老坟沟三面环山，墓地四周有许多小山拱卫，墓前沟壑纵横，南面地势开阔。墓地附近的山腰上，建有一老屋，屋前种有一棵古树。据村里老人回忆，过去有专人世代看护，里面有石碾石磨等生活用具。而今人去房空，徒留下饱经风霜的残垣断壁和古树。这里曾经古柏云影，碑刻林立，建筑巍然，而如今松柏虽在，却屡遭盗贼洗劫，只能凭借遗留的残骸还原当初的景象。尤其是"文化大革命"期间，地面建筑遭到彻底的毁坏，但地下建筑仍较好保存。

其中，1998年发掘的柳氏第十二代柳春芳的墓室，位于整个墓群的中心，建于地下约五米处。其入口与一坡道相连，地下平面为横向长方形（图3-60），由中央的主墓室和两旁的侧室组成。三室之前有一通道相连，在主室左右各有一门通向侧室。整个墓室的大门居中，石拱券门。门头题刻"昭武都尉"（图3-61～图3-64），门两侧楹联为："常将勋业留天地，别有胸怀阅古今"。主茔室南侧拱形门洞两侧的楹联为"白玉作龛心共洁，苍松为宅梦恒清"（图3-65）。门上正中建有三个石龛，精致的石雕斗栱，牌匾楹联，分别有"六韬"、"武库"、"三略"的题刻，左右两侧的石拱门上方刻有"养精锐"和"蓄经纶"，在两侧室的中央拱台上分别刻有"云蒸"（图3-66、图

---

1 选自：贾联亭等撰文.柳氏民居专辑（上册）.政协沁水县委员会，2000.27.

3-67)、"霞蔚"。墓室的顶部均用发券，主室全由石材筑造，侧室及通道均用砖砌，在各座门和壁龛[1]的上方全用石料装饰，并雕刻出斗栱、吊柱、吻兽、梁枋等形象（图3-68）。

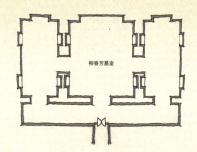

图3-60 柳春芳墓室平面图

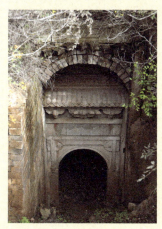

图3-61 柳春芳墓室入口

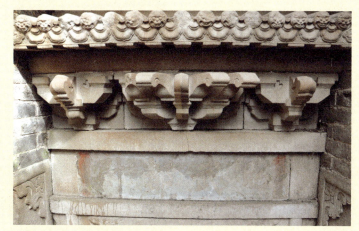

图3-62 柳春芳墓穴内部门洞口装饰

图3-63 牌匾楹联"六韬""武库""三略"

图3-64 柳春芳墓侧室内部

---

1 壁龛，是在墓穴的四壁某一壁上掏挖龛洞，一般用来放置随葬品。

图3-65 主茔室门洞两侧的楹联

图3-66 "养精锐"（老照片）

图3-67 "云蒸"（老照片）

图3-68 墓室遭洗劫后的残留柱础

【第四章】

西文兴古村的 居住建筑

JUZHU JIANZHU

图4-1 西文兴村鸟瞰

一、居住建筑概述

西文兴村是以柳姓血缘家族聚居的村落，规模较小（图4-1）。由于历史、自然、人为等诸多原因，其原有公共建筑已大部分塌毁，现存历史建筑多为居住建筑。村中居住建筑的营造整体上大气而有序，细节上精致而细腻，展现了柳氏家族含而不俗、雅而不露的书香气质和美学观念。

村中的居住建筑主要集中在内府区，沿一条东西向的街道分布。这些院落相互错落布置，联系紧密，相传之间有地道相连。其中，司马第、中宪第、磐石长安、香泛柳下、清洁传芳、居处恭等六座院落保存较好（图4-2）。

1. 院落构成

（1）院落形制

西文兴村现存的传统民居，多为两层四合院。院落中的主要建筑沿中轴线对称布置，依次为倒座和正房，两侧辅有厢房，每院四角又另有一小院，带耳房两间，这种建筑形制

图4-2 主要居住建筑分布图

俗称"四大八小式"（图4-3），是晋东南地区较为常见的院落组合形式。其中，正房、东厢房、西厢房、倒座体量较大，等级较高，容纳主要的使用功能，称为"四大"；四角的耳房体量较小，位于主体建筑两侧，作为"四大"的连接部分而存在，并承担辅助功能，称为"八小"（图4-4）。

在一个"四大八小"形制的院落中，正房的等级最高，为高台阶，宽檐廊，装饰最为精美，倒座次之，厢房则常常质朴平淡。由于西文兴村中民居多为二层楼阁，所以楼梯作为垂直交通部件，是院落中不可或缺的一部分。在厢房山墙一侧设有露天砖石楼梯（图4-5），或在檐廊下设木质楼梯通往二层。四周房屋在二层耳房处开门，串起楼上的交通流线（图4-6）。

土地改革之后，由于所有制的变更，四合院被分割、改造、瓜分成为普遍现象，不再是"一家一院"，而是"一院多家"，所以楼上的部分交通被阻断。

除了"四大八小"单进格局外，还有将两个"四大八小"院前后串联，形成两进院落的。第二进院还会设有独立入口，规模虽小，但门楼装饰精美，上有匾额，内有照壁。如果没有前一进院，也可以单独看作一个"四大八小"的四合院存在，这也是西文兴村居住建筑的一个特色。

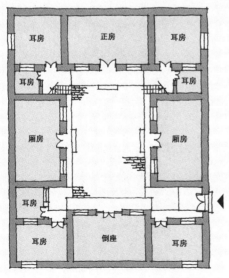

图4-3 "四大八小"典型平面功能布局

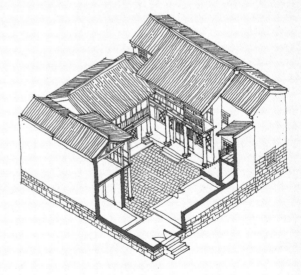

图4-4 四大八小建筑形制轴测示意图

图4-5 通往二层的砖石楼梯　　　　　　　　　　图4-6 檐廊下的木质楼梯

院落名称	院落形制	屋顶形式	大门形式	首层平面	建筑轴测图	实地照片
司马第	组合院，抬梁式，二进	悬山	坤门（西南）			
中宪第	组合院，抬梁式，二进	硬山	艮门（东北）			
磐石长安	四大八小，抬梁式，一进	硬山	巽门（东南）			
香泛柳下	四大八小，抬梁式，一进	硬山	巽门（东南）			
行邀天宠	四大八小，抬梁式，一进	硬山	坤门（西南）			
居处恭	四大八小，抬梁式，一进	悬山	巽门（东南）			

图4-7 院落形制分析图

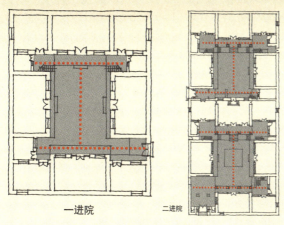

图4-8 两种院落形制

可以看到,西文兴村的居住建筑在空间组合及表现形式上严格遵守了封建等级礼制,不同用途的建筑在规制、体量、位置等方面均有所不同,家庭中的人伦关系、各种活动功能关系在平面布局中安排得井然有序(图4-7)。

(2) 庭院空间

院落由建筑或院墙围合而成,为居民提供日常活动的场所。中国传统礼制文化强调方位的重要性,《周礼》开宗明义第一句就是:"惟王建国,辨方为正。"这种对方位的关注与中国传统空间观的源起密不可分,也与原始时代时、空、数一体的整体思维密切相关。中国最早认识的"东"、"西"两个方位,产生了一个线性的二维方位的空间观以及神秘数字"二",后来又逐步发展为"东、西、南、北"的平面四方位的

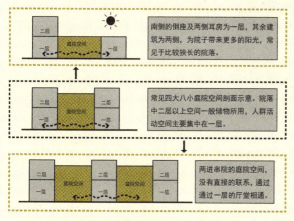

图4-9 庭院空间的剖面示意图

空间格式,展示出来的是中间空虚的平面图式。甲骨文中也出现过"北室"、"南室"、"东寝"、"西寝"等名词,这都说明了中国人很早就将房屋分别布置在东南西北四个方向上,其目的就是构成一个封闭的向心的内院。这也说明,庭院空间在起居生活中无可替代的独特地位和作用。

在西文兴村的居住建筑中,庭院空间的平面均呈现"工"字形(图4-8)。院落是长方形(图4-9),长宽比在3:4到1:1之间,较为宽敞(图4-10)。并且庭院依照建筑中轴线对称布置,东西厢房立面统一,进一步强化空间轴线。有的院落四周或正房前带有檐廊,形成底层灰空间,增加了院落的空间层次感。过去,到了收获的季节,家家户户会将

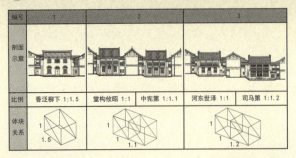

图4-10 庭院空间高宽比研究

图4-11 挂着粮食作物的院落[1]

图4-12 院落铺地中的排水口

作物晾晒在檐廊上，或存储在院落里，充满浓郁的乡村生活气息（图4-11）。

院落中间地坪由砖石铺砌，但每个院落铺设方式不尽相同。与建筑连接处则用条石。可以看到地面铺装材质随高差变化而相应变换，防水排水的同时强调空间界线（图4-12、图4-13）。庭院鲜种高大树木，空间显得比较整洁肃穆，这一点与北京的四合院迥然不同。有的院子在整齐的铺装中心位置露出土地面，据说这并非用来种植花木，而是为表示对黄土地养育万物之恩的崇敬[2]。还有的院落将遗落在村中的柱础摆放在院落当中，形成独特有趣的装饰（图4-14）。

（3）入口空间

古人十分注重院落入口空间的营造，因为它直接反映主人的权力和经济地位，是封建等级制度的重要内容，即所谓"门第"的观念。西文兴村的宅门通常采用门楼式入口，占用倒座或厢房的耳房，有坤、巽、艮门

---

1 引自：政协沁水县委员会主编.沁水文史资料：柳氏民居专辑（上册）.香港世界华人艺术出版社，2006.26.
2 引自：楼庆西著.西文兴村.河北教育出版社，2003.62.

图4-13 院内各种铺装的对接

图4-14 院落中的小摆设

这几个方位。入口朝向并没有明确的规定,虽多取吉祥方向,也有根据内府区"丁"字形街道随形布置,布局灵活,使用方便。其门楼式入口形式又可以分成如下两种:

①门脸式

门脸式是将矩形门洞开在凹入的内墙上,大门门框镶嵌于门洞中柱的位置,下部分为双扇木板门。一般下槛很高,取"门槛高,子多贵"之说。两侧安置门枕石,上槛常常有四枚门当,表示门第高贵。上槛之上便为木制匾额,题有院落名。木构架门脸则紧贴于外墙,整体高大挺拔,装饰讲究华美,而且常有石狮石鼓相镇(图4-15)。

②拱券式

在砖墙上留出石制半圆形门洞,与外墙齐平,内部则是普通的双扇木板门,这种门楼装饰非常简洁,稳重而大方。门上多有匾额,再上方还开有矩形的小窗,方便观察外部情况,起到防御的作用(图4-16)。

a.司马第入口

b.河东世泽入口

c.中宪第入口

d.堂构攸昭入口

e.行邀天宠入口

图4-15 门脸式入口

考虑到建筑排水的需求，结合西文兴村所处地势，院落内的地坪都会高于院外。因此重要建筑在入口处常常设有台阶，大概占据一半进深，台阶上另设平台，加强了入口的庄重感。拜访者拾级而上，会表现出谦卑的姿态，内心亦能感受到建筑的气势，自然会对院落的主人产生尊敬之情。

西文兴村的建筑入口处往往有照壁（图4-17），刻有精美的图案寓意吉祥。在等级较高的居住院落中常常采用座山照壁，即在厢房面门的山墙上直接砌出墙帽并做出照壁形状，使照壁与山墙连为一体。还有一种是独立设置于门内或门外的照壁，平面正对宅门呈"一"字形（图4-18）。

a.磐石长安入口　　　　b.香泛柳下入口　　　　c.清洁传芳入口　　　　d.居处恭入口

图4-16 拱券式入口

图4-17 村中照壁分布图

（4）地形处理手法

西文兴村所处地带多为山地，高差明显，这对居住建筑的院落布局产生了一定的影响（图4-19）。古人根据山势，平整基地，形成一层一层较大的平台，在平台上建造院落，所以各个院落的高差不尽相同，即使是同一个院落，第一进院和第二进院的高度也是不同的。从远处眺望，高高低

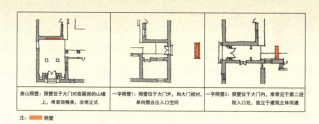

图4-18 照壁类型

低的屋顶，使院落组群产生独特而强烈的视觉效果和艺术感染力。西文兴村就是采用这种分层筑台的方法处理地形，解决院落之间的高差（图4-20、图4-21）。

2. 营造技艺

西文兴村的居住建筑结构上采用抬梁式，三面砖砌围墙，其余部分采用木材营建（图4-22、图4-23）。

屋顶形式有悬山[2]和硬山[3]两种。司马第为悬山顶，其余的居住建筑均是硬山顶。悬山顶的等级高于硬山顶，由此可看出司马第在村中等级较高。此外，其屋顶瓦片的铺设方式也不尽相同，司马第的屋顶有仰瓦及盖瓦，在正脊和垂脊上也会有雕刻装饰，但在香泛柳下中，主要铺设仰瓦，只有在屋脊防雨水比较脆弱的部位会有部分盖瓦，正脊多为清水脊，简单朴素（图4-24）。

西文兴村的居住建筑四周用砖墙围砌，采用全顺式，灰缝很

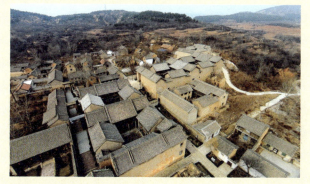

图4-19 地势由西向东逐渐升高

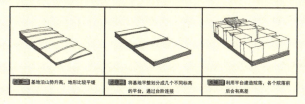

图4-20 西文兴村分层筑台的图示

图4-21 分层院落的剖面图示[1]

---

1. 剖面摹自：楼庆西著.西文兴村.河北教育出版社，2003.66.
2. 悬山是指屋顶一直延伸至山墙以外，遮住山墙面。
3. 硬山是指屋顶有两面坡，屋顶与两面坡相齐。

图4-22 一层屋顶结构层次

图4-23 二层屋顶结构层次

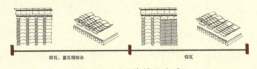

图4-24 瓦面的铺设方式

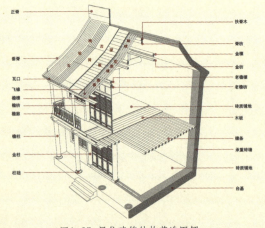

图4-25 居住建筑结构营造图解

细，黏性坚固，一砖到顶。接近地面用几层青石块做墙基，正房、倒座、厢房均有台基，防止潮气侵蚀。砖墙上用发券或者木质平梁开门窗。单体建筑面宽8~9米，进深约5米，长宽比约为3:2。一层檐廊下有柱支撑或由室内大梁挑出支撑，二层檐廊有柱，柱上有斗栱，帮助增加屋檐挑出，形成檐下的"灰空间"，同时能够保护檐下的木结构不受到雨水的浸蚀（图4-25）。

3. 立面构成

西文兴村的传统民居四周都是高大的院墙，外墙鲜有装饰，很少开窗，即使开窗，也很小，具有强烈的封闭感（图4-26）。而大门入口则比较华丽，极尽装饰之能。大门上面常常有洞口或门楼，以便监视外部情况。屋面多采用双坡顶，外檐高内檐低，整个院落呈现一种"内聚"的形态，这种内聚性既来源于防御上的要求，又因封闭的内院可以起到良好的防风、隔热、防寒的效果，给居民提供适宜的生活条件；另一方面，内聚的空间有敛财聚气的妙处，这是一种人们内心意识形态的体现。

对居住院落内部而言，四周建筑一般都为三开间，并且强调中轴线，采用对称的布局。在轴线上正房装饰最为精致，倒座、厢房相对朴素，装饰较少，高度也均低于正房的高度。而且大型的两进宅院，建筑高大挺拔，装饰繁冗复杂；规模较小的一进院落尺度较为宜人，高度明显下降，装饰也相对简单。门的主要类型有板门和隔扇门两种，窗分为隔扇窗、墙窗和横披窗三种，明间开门，次间开窗，一个院落中，可以有多种门窗类型，窗棂多变，曲直交错，线条灵活，兼顾采光和装饰，十分华丽（图4-27）。

西文兴村居住建筑在立面上的一个显著特点是带有檐廊。建筑中挑出的木板檐廊充当了现代生活中阳台的功能，扩大了二层的活动空间，也大大提高了居住的舒适度。檐廊又作为首层由室内向室外过渡的生活地带，增加了空间层次。在西文兴村民居中，檐廊的设置较为自由，或四面檐廊，或两面檐廊（布置在正房和倒座），或只有正房带有檐廊。其中四周檐廊可以环形设置，使二层形成一个环形交通走道。

此外，檐廊根据下部空间形态也分为两种。一种为有柱檐廊，挑廊的重量由下面的立柱支撑，这种檐廊往往是建筑立面装饰的重点，柱之间的梁

图4-26 高大封闭的外墙

	司马第	中宪第	香泛柳下
正房	i/h=2/3	i/h=3/4	i/h=5/6
厢房	i/h=6/7	i/h=2/3	i/h=6/7

注：i/h=宽高比

图4-27 西文兴村不同建筑立面的宽高比

枋给雕刻匠人提供很大的创作余地。还有一种是无柱檐廊，由室内挑出的大梁承托二层阳台的重量，这使院落的空间显得更加开敞，装饰主要集中在檐廊的栏杆上。而没有檐廊的建筑立面以实砖墙为主，各开间用木制平梁或砖拱做梁开门窗，装饰很少，能够突出建筑的体量感（图4-28）。

西文兴村的居住建筑由于历史年代、建筑等级等原因，每个院落不尽相同，各具特色。下面分析研究西文兴村几处重要的宅院。

二、典型居住建筑

1. 中宪第

中宪第位于村落东侧，东有"行邀天宠"，南临牌坊街，西与永庆门相接（图4-29）。中宪第没有采用坐北朝南，而是坐西朝东，可能是由于地势西高东低（图

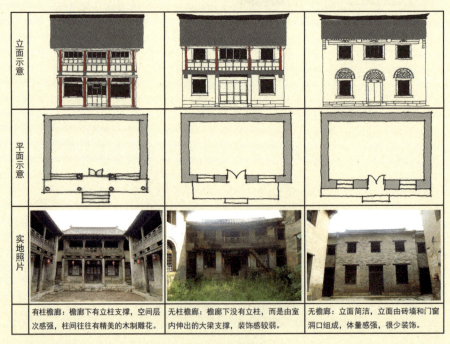

图4-28 立面檐廊

图4-29 中宪第轴测图

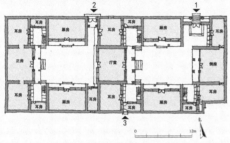

图4-30 中宪第平面图[1]

1为中宪第第一进院大门,面向村中主街,2为中宪第第二进院"堂构攸昭"的大门,3为旁门,是佣人出入所走的门,通往牌坊街

图4-31 中宪第剖面图[2]

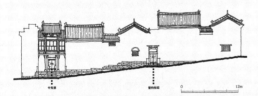

图4-32 中宪第沿街立面[3]

---

1 平面摹自:楼庆西著.西文兴村.河北教育出版社,2003.63.
2 剖面摹自:楼庆西著.西文兴村.河北教育出版社,2003.66.
3 立面摹自:楼庆西著.西文兴村.河北教育出版社,2003.66.
4 方元焕(?～1620年)字晦叔,别号两江,山东临清人。天性颖慧,性情孤傲,一生好古文辞,尤擅书法,长于行草,闻名海内外。

4-30～图4-32)。

中宪第建于道光十二年(1832年),等级较高,装饰讲究。第一进院正房的脊檩下书:"道光十二年岁次壬辰八月十九日癸巳辰时上花梁,宅主柳□主木。"柳氏家族中有"中宪大夫"称号的只有柳春芳、柳茂中父子,皆因柳琳(柳茂中子)任职期间业绩突出而获赠。道光十二年时柳春芳、柳茂中均已去世,因此可推断此院应是柳琳为其祖父或父亲补建而成。

中宪第东西长46米,南北宽23米,占地约1000平方米。前后两进,采用"前厅后舍"、"四大八小"的形式(图4-33)。中宪第曾经做过西文兴村的私塾,大门后面两侧刻有书法家方元焕[4]所书《封建四伦箴语》,包括父子箴、朋友箴、兄弟箴以及夫妇箴等,其教化作用不可低估。

中宪第的大门入口位于院落的东北角(图4-34),占据厢房的一间耳房,采用凹廊式门楼设计,三开间,进深约一米,有两层楼高,高大挺拔,气派恢宏(图4-35)。由于中宪第所处地势西高东低,院落内部是水平的,所以采用分层筑台的

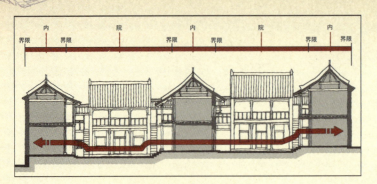

图4-33 中宪第的空间序列

图4-34 中宪第入口街景

图4-35 中宪第大门

方式解决高差。其中，院落南侧相对于地坪被垫高，形成入口石砌台基，使得入口处地坪比主街高出约1.1米，通过6层台阶联系内外（图4-36）。门楼一层中间有两根木立柱，由精美的覆盆加鼓式石柱础支撑，柱间装饰有雕花挂落。有趣的是挂落上雕刻有"人身鱼尾像"。与此呼应，大门内部檐廊垫板的雕刻内容是龙身鱼尾，巧妙地表达了柳氏族人对后人"鲤鱼跃龙门"、"学而优则仕"的美好期盼（图4-37）。门楼的二层有木楼台，院内人可从此向外瞭望。二层立柱与首层对齐，柱上架设梁枋，梁枋上面立三层斗栱支撑双坡悬山顶（图4-38），并且中间开间的屋顶高于两侧，丰富了入口空间的层次感。高高的下槛，两侧有门枕石和石狮相镇，大门上方有石制匾额，阳刻有"中宪第"三个大字，描以金粉，蓝彩做底，卷草纹做边框，简洁大气。

中宪第入口面对的是倒座的山墙，空间显得相对局促。直行右拐，才进入院落内部。作为由入口到院落的过渡空间，它起到了极好的欲扬先抑的作用（图4-39、图4-40）。第

图4-36 中宪第大门细部

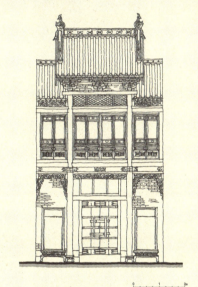

图4-37 中宪第门楼背面线图[1]

图4-38 门楼二层内部木结构

一进院东西略长，空间宽敞舒适，作为"前厅"（图4-41）。四周均有檐廊（图4-42～图4-44），装饰有布满雕花的挂落和垫板，十分精美。第二进院落与前院相比东西尺寸略短，三面檐廊，空间围合性及私密性强，但装饰不如前院华丽，风格上比较朴素简洁，用作"后厅"。此外，在东西轴线上，正房、厅堂和倒座面宽基本相同，均为8.4米，其中厅堂作为连接两个院楼的过厅，进深略大。前后院的厢房尺寸也相同，不过在装饰等级上略有差别。

厅堂作为第一进院落中的正房，地位最高，建于较高的台基之上，占据该院落的最高点（图4-45）。厅堂正面带有檐廊（图4-46）。与其他檐廊不同的是，廊下为木方柱，连柱础也呈方形（图4-47）。此外，房屋的营建采用四梁八柱，四门八窗，用来寓意"四平八稳"，表现了柳氏追求平稳的生活态度。正面一层门窗上有帘架，其中面向前院的大门为四扇隔扇窗，背面为木板门。原来经过这扇板门，是可通向第二进院落的（图4-48），但现在这扇大门和两侧的墙窗已经被封住，过厅的作用已经丧失（图4-49）。

第一进院的两个厢房立面统一，尺

---

[1] 摹自：楼庆西著.西文兴村.河北教育出版社，2003.63.

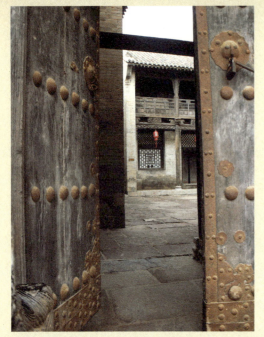

图4-39 中宪第入口空间

图4-40 中宪第门楼背面

图4-41 中宪第第一进院

图4-42 中宪第第一进院落

图4-43 中宪第第一进院落

图4-44 中宪第第一进院落

图4-45 中宪第厅堂立面

图4-46 中宪第厅堂檐廊上

图4-47 中宪第厅堂檐廊下

图4-49 中宪第厅堂的背面

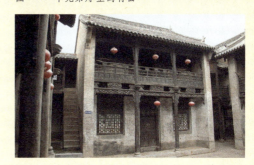

图4-50 中宪第第一进院厢房

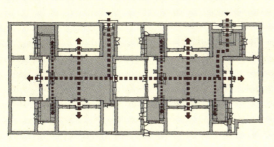

图4-48 中宪第一层交通流线图

图4-51 中宪第第一进院倒座立面

寸一致，面阔8.0米，进深5.3米，高度低于正房。厢房左右两边是砖墙，有半米厚。檐廊宽1米，与山墙基本齐平。檐廊二层立柱上架设雀替、梁枋、斗栱，再由斗栱挑出檐椽，层层的处理方法不仅美观，还利于建筑的防风和保暖（图4-50）。中宪第的倒座虽然低于正房，但柱间挂落及枋间垫板的木雕装饰同样精美，楼上楼下均采用隔扇门窗，惟两侧的山墙比厢房的更加厚实，这样可以很好地均衡厢房和倒座的虚实关系（图4-51）。

中宪第四角的耳房除了入口的门楼，其余六个角落的形式也不相同，围合出的小院也各具特点，根据有无竖向交通、厢房侧耳房底层是否架空，分成如下三种（图4-52）：

①没有竖向交通。占满了小院的空间，建筑低矮，两层的房屋只有相邻厢房的一层高，所以二层两边的房屋不能相通。

②有竖向交通。有石阶通往二层，耳房底层架空，这样围合出的小院比较宽敞，使用方便，采光较好。

③有竖向交通。耳房不架空，首层当厨房使用；二层为带有檐廊的灰空间，连接两侧的房屋。此外，石阶下面还往往预留出洞口，具有储物功能。

中宪第的第二进院称为"堂构攸昭"院，得名于门洞上的匾额"堂构攸昭"。这座大门简单秀气，雕刻纹饰古朴。木制平梁开门，梁下有雕花挂落，浅浮雕有螭龙图案，曲转回还，线条优美，有延绵不断的意思。据相关资料记载，这座大门外墙曾经有加贴的面脸，匾额上书"武德第"，十分精致，现已毁（图4-53）。

堂构攸昭大门不甚堂皇，但院内却是另有乾坤，特别的是二楼房檐处四周布了坚固的铁丝网（图4-54~图4-56），延伸天井内一米多，上面还系有响铃，如有盗贼侵犯，人

图4-52 中宪第耳房集合

落网上立刻发出响铃。在进大门的入口处原有四方大陷阱,白天铺了密实的木板,行人进出方便,无甚异样。但在晚上,护院人把木板抽去,则成了地洞。空中布铁网,地下挖深洞,贼人进此院即陷入预先设置的"天罗地网"之中。

中宪第外墙通体青砖,贴近地面用几层石料做墙基,起到防潮的作用(图4-57)。屋面铺设青瓦,硬山顶,屋脊略呈曲线,两端有吻兽。正脊和垂脊上均有砖雕装饰,雕

图4-53 堂构攸昭大门

图4-54 堂构攸昭架设的铁丝网

图4-55 堂构攸昭正房

图4-57 中宪第沿街立面

图4-56 堂构攸昭厢房

刻图案以"丛生莲"为主,连绵不断,寓意"子孙延绵"。山墙墀头也有砖雕装饰(图4-58)。中宪第室内装饰甚少,有的房屋直接露出不加粉刷的清水砖墙。室内地面采用方砖铺设。

2. 司马第

"司马第"院位于村子的中心,东临"行邀天宠"院,与中宪第隔街相望。院落东西宽约22米,南北长约50米(图4-59),规模宏大,是西文兴村中最精致,也是等级最高的院落。

司马第的空间格局和中宪第十分相似,也采用了"前厅后舍"的组合方式,形成坐北朝南的两进串院,但规模比中宪第大些,装饰也更加繁复精致。整个院落依照轴线对称布置,在南北轴线上依次设有倒座、厅堂和正房,前后院各有东西两座厢房,院落四周均为两层(图4-60)。构造上均采用抬梁式木结构,左右两边为砖墙。与村中的其他居住建筑不同,司马第采用的是悬山式屋顶,屋脊略呈曲线,正脊两端有起翘,在山墙的博风板下还有悬鱼和惹草,丰富了建筑高大的外立面(图4-61、图4-62)。

司马第建于坡地之上,地势北高南低,于是运用分层筑台的方式,将山地分成不同标高的平台,再在平台上布置建筑。各个平台之间用台阶相连,来解决前后院高差的问题(图4-63、图4-64)。因此,第二进院要比第一进院高约1.8米。中央的厅堂前有七级台阶,厅堂室内靠近后门的位置还有三层台阶。正房前也有五级台阶,占据了合院中的制高点。这既解决了地势带来的问题,也能使得厅堂、正房看上去高大显赫。

图4-58 中宪第墀头砖雕

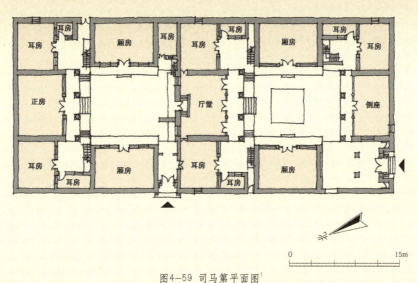

图4-59 司马第平面图[1]

注：1为司马第第一进院大门，面向村中主街，2为司马第第二进院"河东世泽"的大门，面向村中次街，3为司马第第一进院的月亮门，4为司马第通往后花园的旁门，5是佣人出入所走的门，通往次街

图4-60 司马第轴测图　　图4-61 司马第沿街立面

图4-62 司马第沿街西立面[2]　　图4-63 司马第剖面图[3]

1　平面摹自：楼庆西著. 西文兴村. 河北教育出版社，2003.69.
2　临街立面摹自：楼庆西著. 西文兴村. 河北教育出版社，2003.73.
3　剖面摹自：楼庆西著. 西文兴村. 河北教育出版社，2003.73.

　　司马第的主要入口位于院落的西南角，面向主街（图4-65），占据了倒座的一间耳房，高两层，十分气派。门洞开在凹进的外墙里（图4-66）。由于建在台基之上，通过几个台阶与街道相连，解决内外高差。门洞两边起立柱，直通屋顶，支撑起伸出的横梁，梁上再立短柱，和三层斗栱一起支撑布满雕花的额枋，在这之上又有六层斗栱。但人站在门洞下方，会有九层斗栱的感受。其实这是一种巧妙避免"犯上"的手法，因为古人认为奇数属阳，偶数属阴，九是最大的阳数，代表极端的尊贵和无限的吉祥，往往用在皇家和佛家建筑当中，柳家人运用这种手法巧妙地将"9"隐藏在大门当中，彰显了自家门第的高贵（图4-67、图4-68）。

　　两柱之间门洞上方有匾额"司马第"一座，上面还有三层的走马板[1]，最上面一层有书"□赠中宪大夫柳春芳"，下一层"诰封中宪大夫柳茂中"（图4-69）。"司马"是古代职衔，明清时期是州同、同知、左堂的别称。明清两朝柳氏家族中获得此等级职位的仅有两人：明代柳遇春"□补陕西同州知州"[2]，清代柳琳"候选州同，加二级"[3]。柳茂中墓志铭中则明确提到其子柳琳"司马"这一职衔："公冢子润斋，授郡司马加二级"[4]。根据门洞上方走马板所书内容可判断，此宅应为柳琳所建。司马第的具体修建时间不详，但从其所在的位置及装饰风格，推测与中宪第的建造时间相隔不远。

　　门前的门枕石上立有石狮，两侧还有夹杆石[5]，夹杆石的石鼓上面雕有戏绳的石狮，这些相辅相成寓意"神（绳）狮镇宅"（图4-70）。

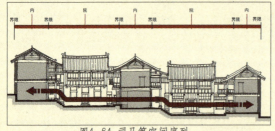

图4-64 司马第空间序列

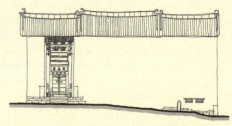

图4-65 司马第沿街南立面

1　走马板，建筑装修构件名称，指位于门额上与由额之间用于分隔室内外空间的木板。
2　见清嘉庆十四年（1809年），窦心传撰文，《皇清例授昭武都尉圣和柳公暨配例封恭人宋王孺人合葬墓志铭》。
3　见清光绪《沁水县志·卷之六·选举·官阶·职衔附》。
4　见清嘉庆二十五年（1820年），霍庆姚撰文，《诰封中宪大夫建章柳公墓表》。
5　夹杆石，在古代汉族建筑中只有牌楼才有夹杆石。夹杆石是保护楼柱用来增加风荷载。夹杆石是木牌楼所特有的重要构件。它和石牌楼的抱鼓石一样，主要起稳固楼柱作用。

图4-66 司马第大门

西文兴古村

山|西|古|村|镇|系|列|丛|书

正对大门的是一座雕刻精美的影壁，位于西厢房的山墙上，这样可以避免外界的干扰，抵挡邪气，同时雕刻有十分丰富的吉祥图案，寄托了主人的情感。该入口的内部空间还有一个特点就是西厢房的北侧没有耳房，而在这面墙上有一个月亮门，门洞上方石制匾

图4-67 司马第"九层"斗栱

图4-68 "九层"斗栱在室内的构造

图4-69 司马第大门细部

图4-70 司马第大门细部

额题有"一房山"字样（图4-71、图4-72），这是因为在司马第西侧的过道上曾有一楼阁名为"一房山"，高有七丈，是内府区的入口之一。而这座月亮门作为楼阁的一个入口，入门登梯即可上楼。遗憾的是，这座楼阁在1989年被拆毁了。

第一进院落南北略长，四周房屋均有檐廊（图4-73~图4-75）。坐北的厅堂（图4-76），是柳氏家族会客和举行家庭礼仪的地方，并于此供奉"天地君亲师"的牌位。无论婚嫁丧娶、红白喜事，柳家都会召集亲朋好友在此聚会（图4-77），并将厅堂的隔扇门及北墙上的木板门全部打开，成为贯通前后的半开放公共大厅，方便进出（图4-78）；活动结束后又重新关闭，只开启中间的两面隔扇，供主人起居。

图4-71 司马第"一房山"

图4-72 "一房山"匾额

图4-73 司马第第一进院

图4-74 司马第第一进院落

司马第倒座的进深比厅堂略小，前面的檐廊和厅堂一样布满了精美的雕花构件，将"连连中举"、"麒麟送子"、"鹤鹿同春"、"五子登科"等吉祥寓意蕴藏在木雕当中。倒座上下两层均采用六抹头隔扇开门，每开间四扇，中间两扇可以开启，这样使用起来也比较灵活（图4-79）。第一进院的东西厢房檐廊下无立柱，由四根伸出的大方梁支撑（图4-80）。厢房二层的檐廊和正房的檐廊相连接，方便人在房间之间的走动交流，同时轻巧地使连廊看起来十分秀气，为司马第平添一丝风情（图4-81）。厢房的窗墙比也很大，门窗占了很大的面积，实墙面很少，格心纹样丰富，和第一进院"前厅"的功能属性相符。厅堂两侧的耳房首层开隔扇门，作为厨房和储藏间；二层与厅堂相通。

司马第第二进院落的长宽比约为1∶1，基本是方形，为司马第之"后舍"。大门处有"河东世泽"之匾，所以这个院落又称为"河东世泽"院。该院落有独立的入口门楼，位于院落的西南角，占据厢房的耳房一座，虽不如前院气派，也不乏精致（图4-82、图4-83）。这座大门从外面看与其他木板门并无二样，但它的后面有暗锁十二道，硬栓、软

图4-75 司马第第一进院落

图4-76 司马第厅堂

图4-77 司马第厅堂内景

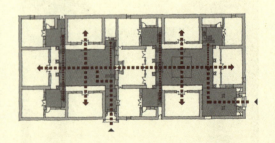

图4-78 司马第首层交通流线图

图4-79 司马第倒座

图4-80 司马第东厢房

图4-81 厅堂和厢房之前的连廊

图4-82 河东世泽大门

图4-83 河东世泽大门细部

图4-84 司马第室内二层地面

栓相互交错，盗贼想进来十分不容易，体现了司马第极强的防护性。同时，二层室内地面均留有向下窥视的洞口，可以监视来访人的动态（图4-84）。

第二进院的装饰主要集中在正房上（图4-85），厢房相对朴素很多（图4-86）。与前院相比，实墙的面积明显增加。此外，院子当中种有绿植，还摆设了几张不同的石凳，极富生活气息（图4-87）。

3．"香泛柳下"院

"香泛柳下"是标准的四大八小合院，位于西文兴村的西南角。院落坐北朝南，东南角开门，朝向村子（图4-88、图4-89）。四周房屋包括耳房均两层（图4-90、图4-91）。因年久失修，盛夏时节，院落中杂草丛生，但仍能感受到庭院中蕴含着一种静谧而典雅的气氛（图4-92）。

"香泛柳下"的入口也别具一格。首先在与大门相对处有一面独立的影壁（图4-93）。这是因为院落入口若正对道路即"犯冲"，因此门前要立影壁

图4-85 司马第二进院正房立面[1]

图4-86 司马第二进院厢房

图4-87 司马第二进院院落

1　立面摹自：楼庆西著.西文兴村.河北教育出版社，2003.72．

一座。《阳宅撮要》[4]曰："尚遇关煞有来气直朝，门前宜筑照墙挡之，可以逢凶化吉。"由此可见，外影壁起到了阻挡煞气的作用。这座影壁形式简单，粗犷中又有些淳朴。门楼的门洞是石作拱券，门上匾额石刻"香泛柳下"，右侧有书："岁乾隆伍拾年夏□月吉日立"（图4-94）。匾额上面开有矩形的小窗，有瞭望监视的作用。门楼上方有伸出的屋

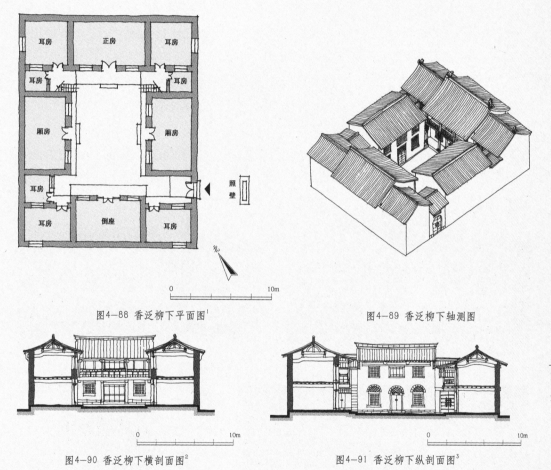

图4-88 香泛柳下平面图[1]　　　　　　图4-89 香泛柳下轴测图

图4-90 香泛柳下横剖面图[2]　　　　　图4-91 香泛柳下纵剖面图[3]

1　平面摹自：楼庆西著.西文兴村.河北教育出版社，2003.60.
2　剖面摹自：楼庆西著.西文兴村.河北教育出版社，2003.60.
3　剖面摹自：楼庆西著.西文兴村.河北教育出版社，2003.60.
4　《阳宅撮要》，清代吴鼒撰。所谓撮要，即是集合主要的精华的风水学知识，该书参考了许多阳宅术文献，如《宅镜》、《阳宅发真诀》、《阳宅通书》、《选宅宗镜》、《阳宅正宗》、《阳宅发微》等，使我们得以窥见一些失传的风水书籍。

顶，大约有一椽深，由墙面伸出短梁，梁上立短柱，短柱上有横向的月梁，支撑着斗栱及屋面。在短梁和立柱的连接处有雕刻成祥云状的木构件，该构件在此处作用不大，仅起到装饰的作用，但使得这座大门敦厚淳朴又不失精致（图4-95）。

"香泛柳下"所处地势基本平整，所以院落内部是水平的，但为了排水，入口处设置三个台阶使院落有所升高。整个院落的竖向交通有三处，均在室外，其中两处位于东西厢房的北侧，通往耳房二层，再到达二层其他房间；另一处位于倒座檐廊下方，木质楼梯架设在房屋的正前方，占据一个次开间，直接通往倒座二层。

正房面阔三间，硬山顶，抬梁结构。无柱檐廊，檐廊由室内挑出的四根大梁支撑。二层低矮，檐廊上有四根立柱上承托着一层斗栱，柱之间的横枋采用月梁，伸出的牛腿带有简单的雕饰。虽然檐廊很浅，但让出了底层的灰空间，增加了立面的层次，雕花栏杆还使建筑显得十分轻盈。一层二层中间的门均为双扇板门，次开间采用墙窗。有意思的是，

图4-92 香泛柳下院落内景

图4-93 香泛柳下

图4-94 香泛柳下匾额

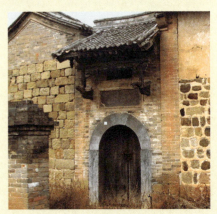
图4-95 香泛柳下门头

在首层大门的右侧有天圆地方的小洞，称为壁龛，可以放置烛台。在过去没有电灯的情况下，用蜡烛取光，这样的壁龛能够很好地挡风，方便夜间行动（图4-96）。

东西厢房立面形象朴素，砖砌墙壁增加了建筑的体量感。中国传统建筑十分注重对称感，但"香泛柳下"的东西厢房一层立面却采用了不同的开窗方式，东厢房为木制平梁开门窗，南厢房却采用了天圆地方窗代替方窗，避免了立面形式过于呆板。一层厢房次间内部设有土炕，表示这里曾经用来当作卧室。二层中间开窗采用四面隔扇窗，中间两扇能够开启，利于二层的通风采光，檐下墀头没有装饰。

倒座面阔、开间比正房略小，带有檐廊，和正房呼应。倒座作为"香泛柳下"接客待人的场所，使用了四面隔扇窗，使得立面更加开放（图4-97）。四角耳房的等级最低，北侧的耳房一般用作厨房，西南角的耳房当作厕所使用，地坑口朝外[1]。

4."磐石长安"院

"磐石长安"的风格和"香泛柳下"十分相似，推测建造时间相隔不远。该院落位于西文兴村的南端，坐北朝南，是标准的一进四合院（图4-98）。入口大门位于院落的东南角，与"河东世泽"的大门隔街相望。院落呈矩形，略显狭长，整齐的石板铺地（图4-99）。正房和东西厢房均为两层砖木结构，采用硬山顶，仰瓦铺设屋面，且在两侧防水

图4-96 香泛柳下正房老照片[2]

图4-97 香泛柳下倒座

---

1 引自：楼庆西著.西文兴村.河北教育出版社，2003.62.
2 引自：政协沁水县委员会主编.沁水文史资料：柳氏民居专辑（上册）.香港世界华人艺术出版社，2006.24.

薄弱的位置将仰瓦、盖瓦结合。从村民那里了解到"磐石长安"的倒座及两侧的耳房原来都是一层（图4-100），这样的格局利于院落和正房的采光，后因受损严重，在几年前的修缮中改造成了两层，形成现在"四大八小"的格局。

"磐石长安"的入口占据东厢房南侧的一个耳房（图4-101），门洞成拱券式，上部有匾额石刻"磐石长安"，寓意平平安安。右侧有书："嘉庆岁次己巳孟夏榖旦"，左下角："鹿阳郑琬[3]书"，四周有万字不到头的内框和莲瓣纹样外框。石匾额上部有扇小窗，用于瞭望监视。这座门楼淳朴大方，无过多装饰，仅在墀头的下方各雕刻两枚叶子的图案，屋顶比两边房屋有所降低，虽然不像"香泛柳下"那般将屋檐挑出，但具有一定的层次感和整体感。"磐石长安"入口的外立面处理得比较内敛，它的背面则处理得十分精巧，挂落上雕刻有精美生动的丛生莲纹样，垫板上装饰有蝙蝠祥云图案，寓意吉祥幸福（图4-102~图4-104）。

图4-98 磐石长安旧址轴测图

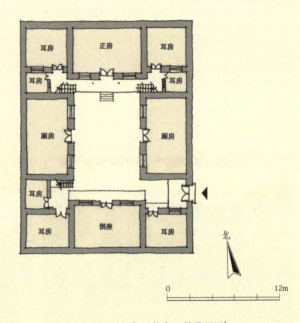

图4-100 磐石长安倒座旧址（老照片）[2]

图4-99 磐石长安一层平面图[1]

---

1 平面摹自：楼庆西著.西文兴村.河北教育出版社，2003.57.
2 引自：政协沁水县委员会主编.沁水文史资料：柳氏民居专辑（上册）.香港世界华人艺术出版社，2006.25.
3 郑琬，清代诗人。

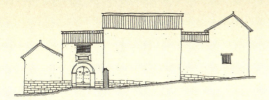

图4-101 磐石长安西立面

图4-102 磐石长安大门

图4-103 "磐石长安"匾额

该院落所处地势北高南低,院落内部是水平的,所以在解决此问题时首先将院落南侧垫起,使得入口处地坪高出街道,通过四级台阶联系内外。院落排水系统也自然顺应这个高差排出。另外,将正房地坪抬高约1米,正中间有五级台阶,远高于两侧厢房,颇显气势。

正房为檐廊式,一层木制平梁开门窗。四根圆木柱立在雕刻精美的柱础之上。柱间有额枋、垫板,中间垫板刻有"五福(蝠)捧寿"纹样,次开间的垫板上刻画了"福(蝴)蝶"图案,表达了主人祈求幸福长寿的美好愿望。二层比较低矮,采用砖制发券开门窗,廊柱和一层对应,承托住月梁,梁上安置斗栱挑起屋面。

厢房立面非常简洁,墙面平整,没有檐廊。一层中间平开木板门,两侧开墙窗。二层为三扇相同的木制平梁窗。有意思的是在西厢房一层的门窗上面都开有一个矩形小洞,据推测是为了建筑的通风防潮。两侧山墙墀头简单没有装饰,显得朴实又秀气。正房和厢房之间间距非常小,导致耳房的采光不足。因倒座为近几年重建,在此不赘述(图4-105)。

5. "行邀天宠"院

"行邀天宠"院位于司马第的东侧,建筑年代不详,造型风格和香泛柳下类似

（图4-106）。与其他院落不同的地方是，该院的入口并没有正对主街，而是通过一扇砖制拱券门引人入内（图4-107）。拱券门上有石刻："清洁传芳"（图4-108）。

"行邀天宠"院落大门位于东厢房北侧耳房，雕饰十分精美（图4-109、图4-110），

图4-104 磐石长安大门背面

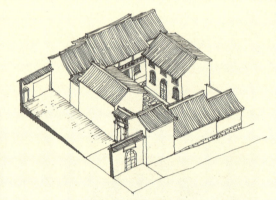

图4-106 "行邀天宠"院轴测图

图4-105 磐石长安大门院落内部

图4-107 "行邀天宠"院拱券门"清洁传芳"

门洞开在耳房的首层（图4-111）。院落比例适宜，较为宽敞（图4-112）。其中正房带有檐廊，檐廊下有檐柱支撑（图4-113）；东西厢房对称布局，无檐廊，首层采用拱券开窗，二层为平梁开窗（图4-114、图4-115）。该院落倒座经过重建，在这里不赘述（图4-116）。

6. "居处恭"院

"居处恭"院位于西文兴村的东北方向的山坎儿下。据村中老人叙述，居处恭大概建于新中国成立初年。居处恭采用典型的"四大八小"的格局（图4-117、图4-118），所有房屋均为两层（图4-119、图4-120）。曾经住在这里的村民出于生活的需求对居处恭做了一定的改造，破坏了原来门窗的装饰以及栏杆上的木雕（图4-121、图4-122）。虽目前破坏严重，但整体格局完整，值得一提的是，大门的砖雕十分精致（图4-123～图4-125）。

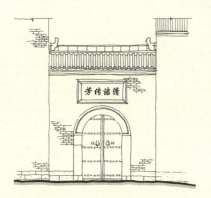

图4-108 "行邀天宠"院拱券门"清洁传芳"线稿

图4-110 "行邀天宠"院大门细部

图4-109 "行邀天宠"院大门

图4-111 "行邀天宠"院大门后面

图4-112 "行邀天宠"院落

图4-113 "行邀天宠"院正房

图4-114 "行邀天宠"院西厢房

图4-115 "行邀天宠"院东厢房

图4-116 "行邀天宠"院倒座原状（老照片）[1]

1　引自：政协沁水县委员会主编.沁水文史资料：柳氏民居专辑（上册）.香港世界华人艺术出版社，2006.23.

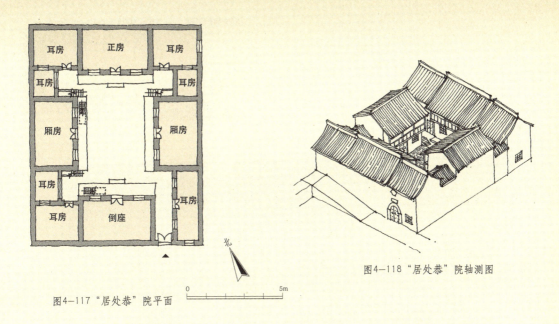

图4-117 "居处恭"院平面

图4-118 "居处恭"院轴测图

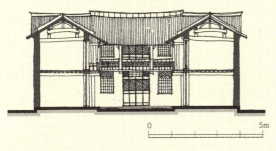

图4-119 "居处恭"院横剖面

图4-121 "居处恭"院正房

图4-120 "居处恭"院纵剖面

图4-122 "居处恭"院西厢房

西文兴 古村

|山|西|古|村|镇|系|列|丛|书|

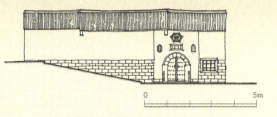

图4-123 "居处恭"院沿街立面

图4-124 "居处恭"院沿街立面

图4-125 "居处恭"院大门

【第五章】

西文兴古村的装饰艺术
ZHUANGSHI YISHU

一、装饰艺术概述

西文兴村的建筑装饰类型较为丰富，涵盖了石雕、砖雕、木雕等多种形式。其题材广泛，内容繁多，构图缜密，雕刻精美，集南北风韵于一身，譬如门窗、影壁以典雅大方为先，雀替、栏杆则以玲珑精巧为主。

明朝以来，山西晋商逐渐兴起，雄厚的财力让工匠拥有更大的发挥空间，极大地推动了当地民间建筑装饰艺术的发展。又因为柳氏家族世代书香，所以西文兴村的建筑装饰在意境营造、艺术造诣以及文化哲理上均达到了很高的水平（图5-1）。

二、影壁

西文兴村的影壁以砖制居多，且大多正对大门随墙而建。影壁通常由壁身、壁顶和壁座三部分组成。壁身多为方砖斜角拼接对缝，形成平整素面。壁身中间、壁心周边通常有精美的雕饰，雕刻手法十分丰富，有浅雕、深雕和圆雕等，大多属混用，题材有几何纹样，也有花鸟等。壁顶一般采用仿房屋屋顶的做法，带有砖制的屋脊和瓦面，檐下还有斗栱、梁枋、垂柱等仿木构件。壁座多采用须弥座或须弥座的变体形式。从风水上讲，影壁和"驱凶避邪"的含义有一定的联系；从建筑学上讲，影壁丰富了院落的空间层次，为住户营造了相对私密的生活环境。

关帝庙有外影壁和内影壁。外影壁与大门相对，呈一字形，简单古朴，和大门前的空地形成半围合空间（图5-2）。影壁下有砂石质地须弥如意莲花宝座，为原有照壁残留下来的部分（图5-3）。基座上面为后期重修。

内影壁与关帝庙大门相对，位于倒座戏台的南山墙上，雕饰精美（图5-4）。壁心采用方砖斜角对缝拼接，周围刻有一圈万字不到头纹样，这种装饰纹样在西文兴村十分见。"万字不到头"由多个万字（卐）字联合而成，是一种二方连续图案。其中"万"字寓意吉祥，"不到头"寓意连绵不断，因此"万字不到头"用来寓意吉祥连绵不断、万寿无疆。影壁在两边有竹节砖雕，寓意节节升高。壁顶仿屋顶形式，正脊嵌在倒座的山墙上，两端有吻兽。屋面铺设筒瓦和仰瓦，采用狮面纹瓦当，如意纹滴水；檐下双椽，有砖雕斗栱，最上一层拱向外延伸，刻成祥云图案，斗栱之间雕有寓意富贵的牡丹

图5-1 司马第大门九层斗栱

图5-2 关帝庙外影壁

图5-3 关帝庙外影壁基座细部

图5-4 关帝庙内影壁

图5-5 关帝庙内影壁壁座细部

砖雕。基座最下层似香炉的腿，和倒座戏台的柱础相似。两腿之间雕有两对小狮子，携着绣球相向嬉戏玩耍，雕刻细腻，线条和缓，小狮子憨厚可爱。狮子和中间如意云纹组合在一起，表达了"事事如意"的美好愿望（图5-5）。

相比较而言，司马第的影壁最为精致（图5-6）。不过，壁心没有过多的雕饰，为方砖斜角对缝拼接，表面平整，但壁顶、壁座雕刻精美，实属难得的精品。基座上有三对小狮子，嘴里携着绳子绣球，玩耍嬉戏，动态十足（图5-7）。壁身四周用两圈竹节纹砖雕做边框。两层竹节之间最下面雕刻有两条龙，张口相对，朝向中间的"寿"字；两边依次雕有书简、画卷，代表主人的知识和修养。两侧竖向的

图5-6 司马第影壁

边框最下面对称刻有两个宝瓶，从花瓶往上的边框内采用深雕的手法刻满了丛胜莲，十分优美。将边框和底座的雕饰组合起来，暗含一副楹联：万事如意路路通，一品清廉节节高。影壁檐部斗栱密集。斗栱间的木雕牡丹大气华美。屋脊上的缠枝莲枝叶缠绕，微微弯曲，展示了花卉生长过程中的勃勃生机。缠枝莲因为具有良好的远观视觉感受，通常作为屋脊的装饰纹样，寓意子孙延绵，生生不息。整件照壁层次分明，雕刻细致，做工精细，表达了宅主人祈求平安的愿望以及对功名利禄的向往。

院落"磐石长安"的影壁位于东厢房靠门的山墙上，其造型素雅朴实（图5-8、图5-9）。影壁顶部单椽出挑，壁身是扁六边形对缝拼接，呈蜂窝状，在周围四个岔角上有

图5-7 司马第影壁基座细部

对称的如意纹样，两边边框的下方各有一枚古钱币纹样，寓意财源广进，下面的基座基本没有进行装饰，光素无华。

三、石柱础

柱础石是建筑木柱下面所垫的基石，其主要作用是承载和传递上部的负荷，并且防止地面湿气、虫蚁对木柱造成侵蚀，同时也有效地减少了建筑构件的磨损。

西文兴村规模不大，但村中集合了样式繁多的柱础石，雕刻手法有圆雕、浅浮雕、高浮雕和线雕等方式，兽头、祥云、卷草、蝙蝠等都是常见的纹样。柱础形式和所在建筑的等级相关，比如正房的柱础总比厢房的讲究得多，花纹样式也更加繁冗；在同一座房屋里，檐柱下的柱础作为装饰的重点，金柱柱础雕刻简单或以方石代替。西文兴村柱础多为覆盆式，造型像倒扣在地上的石盆，上面常常还有石鼓，称之为覆盆加鼓式。还有呈方形的柱础，基座呈几腿造型，这种柱身多为圆柱，上圆下方，取中规中矩之意。

关帝庙几经翻修，但柱础石保存完好。关帝庙门楼采用瓜鼓石础，第一层石鼓为南瓜造型，形态饱满。南瓜多籽，藤蔓连绵不绝，常常寓意多子多孙、福运绵长。石鼓下面为素覆盆，朴素无装饰（图5-10a）。关帝庙正殿柱础底座为八角覆斗式，上方为石方柱，取四平八稳之意。整个柱础线条圆润，造型优美，每一面上均刻有慈姑花瓣和如意祥云纹，这两种纹样在西文兴村中的装饰纹样中多有体现，组合

图5-8 磐石长安的影壁

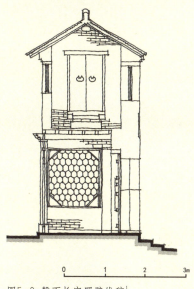

图5-9 磐石长安照壁线稿[1]

---

[1] 摹自：楼庆西著.西文兴村.河北教育出版社，2003.100.

在一起寓意亲慈祥瑞。上一层石鼓鼓身上下边缘有鼓钉，中间阳雕慈姑花，花瓣与花叶缠绕向前，以二方连续的方式重复出现，连绵不断，线条优美（图5-10b）。正殿两侧配殿的柱础装饰相对简单很多，为典型的石鼓加覆盆式，无雕饰（图5-10c）。倒座的戏台采用方柱，柱础似香炉的腿，刻有祥云的图案（图5-10d）。

中宪第门楼三开间由两根立柱分隔，该立柱柱础是宝装莲瓣式的变体，底座覆盆上部一圈刻有十二个狮子头，兽口大张，向下衔咬着一片花瓣，花瓣末端刻成祥云图案，狮子头的面部雕刻细致，饱满敦厚，毛发清晰可见。覆盆上面的石鼓有两层，这在西文兴村并不多见，体现了该院门楼等级高贵。上一层石鼓除了边缘有鼓钉外没有其他雕饰，下一层石鼓正中有一圈腰线，将石鼓分成上下两部分，对称浅浮雕有葵花花瓣。"葵"与"魁"谐音，寓意夺魁、争夺第一，寄托着对后人的厚望（图5-11a）。

中宪第一进院正房柱础是方形的石鼓加几腿座式，几腿之间刻有连续的祥云图案，基座采用兽头几腿造型，上面四角被雕成兽头，用嘴咬衔着几腿，神兽的牙齿、五官、毛发雕刻细腻，造型飘逸；石鼓有一圈腰线，四角上下各有一只蝙蝠，中间刻有祥云，表示吉祥幸福，石鼓和基座的连接处刻有连续的回形纹用来收腰（图5-11b）。中宪第倒座的柱础和正房相似，但表现形式上和正房的柱础相比简单一些，为圆石鼓加几腿座式，石鼓鼓身以二方连续方式刻有祥云纹样，上下边缘有鼓钉（图5-11c）。厢房的柱础是典型的覆盆加鼓式，覆盆表面用浅浮雕表现了莲花花瓣的纹样，曲线流畅优美，上面

a.门楼柱础　　　　b.正殿柱础　　　　c.配殿柱础　　　　d.倒座柱础

图5-10 关帝庙柱础

a.门楼柱础　　　　b.正房柱础　　　　c.倒座柱础　　　　d.厢房柱础

图5-11 中宪第柱础

石鼓鼓身是一圈蔓草的纹样，蔓草生命力极强，滋长延伸，蔓蔓不断，因此人们寄予它茂盛长久之意（图5-11d）。

中宪第二进院"堂构攸昭"正房的柱础的覆盆是宝装莲瓣式，莲瓣的上端刻有如意祥纹，形态饱满，覆盆的上面是一块扁圆石，比石鼓小得多，但刻了一圈精美的卷草图案（图5-12a）。堂构攸昭厢房的柱础石则显示了十分典型的覆盆加鼓式，整体光滑朴素，基座为素覆盆，石鼓上下有鼓钉，无其他雕饰，造型简单，比例均衡（图5-12b）。

司马第厅堂的柱础装饰图案丰富，优美华丽，四方几腿式基座，基座上部鼓出处有一圈如意云纹阴雕，每朵云纹精致小巧，用珠帘的小珠连接，几腿下有卷草纹样，体现了雕刻的深度；基座上面两层石鼓，第一层石鼓有一圈腰线，圭角上下各有一只蝙蝠，中间刻有祥云，第二层石鼓上部收分，装饰有莲花，下部直接和基座连接，以二方连续方式刻有卷草图案，叶脉呈"S"状旋转翻滚，富有动感（图5-13a）。司马第正房的柱础和中宪第门楼柱础十分相似，不同的是仅有一层石鼓，比例均衡（图5-13b）。司马第大门门楼内部首层为灰空间，有柱子支撑，下面的柱础采用石鼓加覆盆式。石鼓上有莲华浅浮雕，下面覆盆是宝装莲瓣式，每一片莲瓣上都有蒲扇的造型，刻有纹路（图5-14）。

"行邀天宠"院落仅正房带有柱础，但其华丽程度不输其他院落，为石鼓加几腿式基座，造型饱满，保存完好（图5-15）。此外，在村子当中还遗落着其他柱础，村民们将它们作为石凳加以利用（图5-16、图5-17）。

a.正房柱础　　　　　b.厢房柱础　　　　　a.厅堂柱础　　　　　b.正房柱础

图5-12 "堂构攸昭"院柱础　　　　　图5-13 司马第柱础

图5-14 司马第门楼内部柱础　图5-15 行邀天宠正房柱础　图5-16 村中遗留的柱础　图5-17 村中遗留的柱础

四、门枕石

  门枕石是门上的一个构件,在门框两侧边框的下面,其功能是承托门扇。门枕石常常是一块长方形石料,置放在门框下面,一半在门内,一半在门外,在门内一半的上面凿有一小洞,门扇的下轴插在此洞中,使门扇得以转动。同时,大门是反映主人身份和权势最直接的地方,门枕石在这里扮演了很重要的角色。西文兴村中的门枕石大多保存完好。

  中宪第大门的两对门枕石形制统一,呈长方体,临街面呈方形,线雕慈姑花图案,花形简单凝练,绿叶簇拥,花丛中有三只蝴蝶翩翩起舞,相映成趣,纷繁的曲线线条让整个画面形成一种飘扬翻飞的盛景(图5-18);门枕石临门的一面为长方形,由如意线框框出两幅画面,靠近大门的框较小,阴雕有菊花和卷草纹样,卷草盘旋向上,菊花点缀其间,呈现出蒸蒸日上的景象;远离大门的图框里有阴雕牡丹和太湖石,花形宽厚,构图饱满,呈现出热闹华丽的景象(图5-19)。牡丹被称为百花之王,形态华美,雍容繁复,兼有色、香、韵,在民居中比较常见,是富贵的象征。此外,在中宪第的门枕石上各蹲立着一只石狮,头部相向眺望,精神抖擞,气宇轩昂。大门左侧为雄狮,脚下按着一个绣球,绣美球圆,具有完美的寓意(图5-20);右侧为一母狮,足下按一幼狮,有子嗣昌盛之意。同时,两条腿之间还有一只小狮子探出头来,嘴里或足间缠绕着绳子,寓意神(绳)狮镇宅,生动有趣,活灵活现。整块门枕石做工精美,图案寓意深刻(图5-21)。

  司马第大门前的门枕石下面的石座被加工成须弥座,中间向里收,雕饰有蛟龙和祥云。蛟龙盘旋,祥云作为花边装饰在龙纹的下面,好似神龙腾云驾雾,寄托主人的美好愿望。石狮[1]蹲坐在石座上面,左雄右雌,取辟邪纳吉、彰显权贵寓意。石狮造型憨厚,嘴角微向上翘起,表现出一种欢乐的样子;耳朵呈元宝状,元宝耳朵象征着经商,资产扩大,这是西文兴村石狮的一个特色。狮子眼如铜铃,头上的毛发雕刻细致,髻发和眉毛都呈螺旋状,耳际下至腮处有络腮胡。两狮胸前都挂着铃铛,胸部塑造结实丰满,前腿结实有力,后腿盘曲稳固,腹部呈收缩状态,表现了其昂扬的雄姿。狮子的尾部造型也很特别,整体呈叶状,尾部鬃毛刻画螺旋内收左右对称。狮爪的刻画也非常夸张,较正常比例要大很多,气势雄壮,很

---

[1] 狮子造型是中国古代重要的传统纹饰之一,传说由于佛祖出生时,指天指地作狮吼状,因此后人把狮子逐渐神话成为辟邪祥瑞的吉祥之物。石狮作为中国古代传统建筑艺术不可或缺的建筑要素之一,是最具民族特色的典型传统艺术形象之一。

图5-18 中宪第门枕石正面　　　　　　图5-19 中宪第门枕石内侧

图5-20 中宪第东门枕石和石狮　　　　图5-21 中宪第西门枕石和石狮

有力度。石狮的前腿和后腿之间还有小狮子探出身，试图爬上成年狮子的后背，雕刻细腻（图5-22、图5-23）。由于西文兴村的大门多为牌楼式，大门的两侧除了门枕石，还有夹杆石[1]，比门枕石狮高很多，下面是几腿石座，有包袱搭下，刻有层层褶皱，上面是石鼓，石鼓饱满，鼓面光滑，侧面有鼓钉，鼓上又有两只小狮子，一下一上相互嬉戏，之间有绳相连，寓意"神狮"（图5-24）。这样的组合很有层次感，还增加了大门入口的气势。

　　"河东世泽"院的大门门楼也是采用门枕石和夹杆石的组合（图5-25、图5-26）。狮子的形象与司马第大门石狮大致相同。不同在于门枕石下面的是矩形石座，临街面和临门面均有图案雕饰（图5-27～图5-30）。

---

[1] 夹杆石是牌坊的重要组成部分，位于牌坊的立柱前后，立于地面之上。其一般由石料制作，以其自身的重量起到稳定支撑牌坊的作用。

图5-22 司马第大门西门枕石和夹杆石

图5-23 司马第大门东门枕石和夹杆石

图5-25 "河东世泽"院大门北门枕石和夹杆石组合

图5-26 "河东世泽"院大门南门枕石和抱鼓石组合

图5-24 司马第大门夹杆石细部

图5-27 "河东世泽"院大门夹杆石石狮细部

图5-28 "河东世泽"院门的门枕石和夹杆石组合

图5-29 "河东世泽"院大门的门枕石正面

图5-30 "河东世泽"院大门的门枕石侧面

图5-31 "行邀天宠"院北门枕石和夹杆石组合

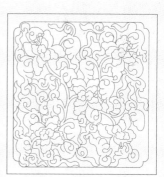

图5-33 "行邀天宠"院的门枕石正面图案

图5-32 "行邀天宠"院南门枕石和夹杆石组合

图5-34 "行邀天宠"院的门枕石内侧图案

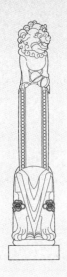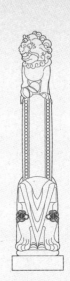

图5-35 居处恭的门枕石

"行邀天宠"院内院的大门也配有门枕石和夹杆石（图5-31、图5-32）。与前面规模较大的院落不同在于夹杆石的造型简单了很多，石鼓上不再有小狮子嬉戏，但门枕石及石狮的雕刻不输前者（图5-33、图5-34）。

"居处恭"院的门枕石在院落的修缮过程中脱离了建筑主体，不再作为大门的一个构件而存在，摆放在门口，更多是对文化和历史的纪念（图5-35）。

五、牌坊石狮

牌坊是一种门洞式纪念性建筑物，具有宣传封建礼教、标榜功德的作用。在很多村落中，牌坊多是昭示家族先人的高尚美德和丰功伟绩，兼有祭祖的功能，所以它与祠堂、寺庙具有同样重要的地位。

西文兴村的两座牌坊全部为黄砂石仿造木结构形式建造，两柱单开间，柱上连横向梁枋，上面的字牌部分分上下两层，上层书"青云接武"或"丹桂传芳"（图5-36、图5-37），两侧有碑文，下一层刻有年代和人物成就，两侧各有一块装饰花板，分别为菊花、荷花，赞颂了先人的美好品德（图5-38）。梁上用三层斗栱支撑屋顶，屋顶覆筒

图5-36 西文兴村石牌坊

图5-37 西文兴村石牌坊

图5-38 牌坊匾额两侧的雕花

瓦、仰瓦，正脊两侧还有吻兽鳌鱼装饰，且均为砂石雕刻（图5-39）。立柱前后有夹杆石，石上蹲立着石狮子。两座牌坊共有八只砂石雕狮子，形象各异、活灵活现、寓意深刻，被当今建筑学家称为"教化石狮"，以不同年龄大小的石狮的姿态、配饰、情态等来形象地寓意古代书香门第子弟的处世哲学（图5-40）。

图5-39 西文兴村石牌坊细部

"丹桂传芳"牌坊下的第一尊狮子尾巴高翘，嘴里却含一绳索，为"满腹经纶狮"。狮子腹部雕刻的经纶寓意此人饱读诗书、满腹经纶。但它尾巴高翘，自命清高。于是，家人告诫它：纵有才学，万不能骄傲，以免祸从口出，这样，一根绳子勒住了狮子的嘴。此寓意年轻读书人，少年轻狂、清高傲慢，涉世不深，喜爱口无遮拦地发表高谈阔论。为避免不经意间获罪，读书人即便不能

图5-40 牌坊石狮细部

克服年轻气盛的弊病,也要尽量少发表言论,保全自己。

第二尊狮子称"克己复礼狮"。狮子高昂着头,似乎在倾听他人讲话,它的尾巴紧贴身体,收于两腿之间。尾巴处有一小狮子乖巧地被踏在大狮子的前脚下,似乎不再撒欢折腾。此告诫柳氏后人做人要低调,要听从长辈劝导,遵循先祖教诲,即使门庭显赫也要夹着尾巴做人,苦读诗书。

第三尊称作"胸有成竹狮"。狮子下有一大圆球和方形基座,表示"没有规矩不成方圆"。同时脚下有两个小狮子嬉戏,其中一抬头向上张望。大狮子似在探身远望,寓意读书人既要安守家教,尊老爱幼,又要胸怀大志,积累学识,蓄势待发。长者的亲切教诲,家族晚生要欣然听从,这从憨态可掬的小狮子的神态上表现了出来。其中一小狮子顽皮地向上张望,似乎在询问:我可以出门实现自己愿望了吗?而大狮子表现的神态似乎是:我正在了解世事形势。

第四尊狮子为"出人头地狮"。狮子安详而卧,一只小狮低头不"语",另一只小狮探头而出。寓意长辈鼓励子孙走出家门,实现远大抱负,并不再庇护子孙。他们既已饱览诗书,则该走出家门出人头地,实现自己的远大抱负。年轻的"小狮子"——读书人还不谙世事艰险,似急不可待,雀跃而去(图5-41)。

"青云接武"牌坊下面的四尊狮子,则是教导柳氏族人在朝廷为官、社会上为人处事的种种道理。第一尊为"金榜题名狮",狮子右下脚按一圆球,胸前佩戴一大朵花。第二尊为"泰山相助狮"。狮子身体挺拔,耳朵直立,左脚抱一圆球。此外,石狮背后的石柱突出了一部分,意为金榜题名后,势必要做官,而做官一定要找个靠山。寓意在朝为官,需大度为怀,倾听多方意见和建议,切忌刚愎自用。第三尊为"宦海沉浮狮",意指找到靠山,就能做官了。所以狮子腹部有一个镂空雕刻的官印(早已遗失)。但此时依然是宦海沉浮,底座的波纹很大。狮子脚下,按一凤头鹿尾狮身的动物,胸前有鲜花,侧身有祥云,头向上似引颈张望。寓意拿国家俸禄,就要效犬马之力,即使受到朝廷重用,也要时刻保持警惕不忘初心。第四尊"功成名就狮"。这只狮子大体和前面的狮子相同,不同之处是:面容表情较苍老,狮子神态自然,前左腿已经

第一只"满腹经纶狮"　　第二只"克己复礼狮"　　第三只"胸有成竹狮"　　第四只"出人头地狮"

图5-41 "丹桂传芳"牌坊下面的四只石狮

第一只"金榜题名狮"　　第二只"泰山相助狮"　　第三只"宦海沉浮狮"　　第四只"功成名就狮"

图5-42 "青云接武"牌坊下面的四只石狮

被损坏，底座的波动比前一只小了。因为做官时间长久了，已经十分老练，处事不惊。整组狮子贯穿的柳氏世家遵从的道德规范，不外乎宽厚待民，与之同甘共苦，洁身自好，保持家族门风等理念[1]（图5-42）。

六、门窗装饰

窗户是建筑的眼睛，门是建筑的冠带，在中国传统建筑中，门窗隔扇是房屋立面的重要组成部分。门窗可以接收室外光线，是室内外空气流动的通道，门窗隔扇的位置与人的视线几乎持平，正是因为处在最引人注目的视觉中心位置，门窗的装饰上自然少不了具有较强装饰感的雕刻。西文兴村虽不大，但窗扇纹样十分丰富（图5-43）。此外，

---

[1] 关于牌坊下面石狮子的解读引自：王良、潘保安主编.柳氏民居与柳宗元.中国文联出版社，2004.

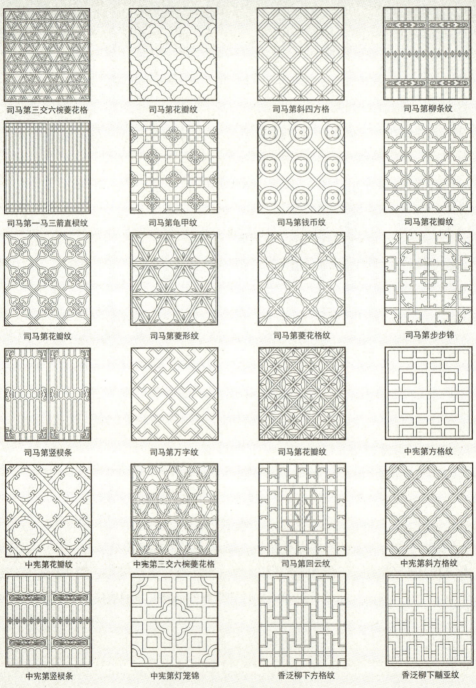

图5-43 西文兴村窗扇装饰纹样

西文兴村中的很多门窗隔扇当年都曾以由矿砂、金箔、云母等珍贵原料配制的涂粉装饰其外，看上去富丽堂皇，现在隔扇上的金粉痕迹仍然依稀可见。

司马第集中了西文兴村最丰富的窗花类型。第一进院的厅堂上下两层三个开间的柱间均为门窗隔扇，每开间四扇，且所有隔扇为六抹头（图

图5-44 司马第厅堂隔扇

5-44）。楼下的格心为三交六椀菱花格，中间开间的四面隔扇的裙板上刻有万字纹雕饰，每开间隔扇上面的横披窗采用的是花瓣纹。楼上的隔扇格心是斜四方格。由于厅堂经常有人出入，隔扇之间的间隙不严，保暖性差，所以在中间开间的隔扇上安装了帘架，帘架上面与隔扇同高，分上下两部分，上部分为帘架心，有棂格装饰，下部分用来挂门帘，夏天挂竹帘，将隔扇打开，既凉快通风，还能防止蚊虫；冬天挂棉布门帘挡风保暖[1]（图5-45）。可惜现在帘架都已损坏被拆除了，只能从老照片中一睹风采。司马第两进院最中间的厅堂是用来接待宾客和举行家庭聚会的，前后相通，穿过厅堂可以到达后院。厅堂两侧的耳房南面均为三开间，中间开间设有四间隔扇，楼下格心为三交六椀菱花格（图5-46），楼上格心为一马三箭纹。门的两侧开间为槛窗，楼下为方格纹，帘架使用万字纹；楼上为隔扇窗，格心也为一马三箭纹，与门的格心统一。

司马第第一进院的倒座楼上楼下三个开间均为六抹头隔扇。楼下格心两侧有蝙蝠纹样，中间为竖棂条（图5-47）；楼上的格心是斜方格纹。两侧厢房上下明间均为四扇隔扇，格心用一马三箭纹，两侧为槛窗，柳条纹（图5-48、图5-49），位于上面的横披窗的花纹更加复杂，使用了龟甲纹。乌龟是一种长寿的动物，龟甲纹寓意连续不断、生命不止、健康长寿（图5-50）。

司马第第二进院是宅主人的住房，比较注重隐私保护，立面上虚少实多，但装饰

---

[1] 引自：楼庆西著.户牖之艺.清华大学出版社，2011.19.

图5-45 司马第帘架五葵菱花格心

也十分讲究。正房上下明间为四扇六抹头隔扇。楼下隔扇的格心为三交六椀菱花格（图5-51）。除此之外，上下绦环板及裙板均有精美复杂的雕饰，具体雕花如下：上、下绦环板以博古纹"琴棋书画、文房四宝"为主题，寓意生活富足、有知识和修养（图5-52）；中绦环板以盛开的牡丹为主题，中间两面可开启的隔扇除了有寓意"福"字的富贵牡丹，在花丛中还栖息了两只绶带鸟。"栖"谐音"齐"，两只绶带鸟取意成双成对，

故而这组图案寓意"福寿双全"（图5-53）。下面裙板以中央圆环中的盘龙为核心，四周是翻飞的祥云图案，十分优美（图5-54）。正房两侧次开间为槛窗，格心图案和中间隔扇相同，这样即使绦环板和裙板的雕饰繁复，整个正房立面还是很统一大气。槛窗中央两扇的外面加装了一副窗框，作用和帘架类似，也称纱屉，夏日把槛窗打开，纱屉既通风又防止蚊虫入侵，框架内为龟甲纹，格纹相对于槛窗比较稀疏，这样形式上又多了一种变化。

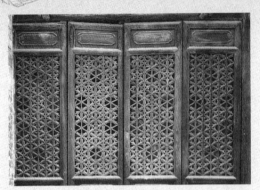
图5-46 司马第耳房大门隔扇

图5-47 司马第倒座隔扇

图5-48 司马第一进院厢房隔扇

图5-49 司马第厢房老照片[1]

图5-50 司马第一进院厢房次间横披窗

图5-52 司马第正房隔扇门下绦环板雕花

---

1 引自:政协沁水县委员会主编.沁水文史资料:柳氏民居专辑(上册).香港世界华人艺术出版社,2006.49.

图5-51 司马第正房隔扇

图5-53 司马第正房隔扇门中间绦环板雕花

图5-54 司马第正房隔扇门裙板雕花

厅堂背面开板门（图5-55），门楣上有四枚门当[1]，端部雕刻菊花形状。菊花，以"菊"谐"足"之音，取富足之意，并常与梅兰竹组合，取品行高洁之意。门楣上方有横披窗，格心为钱纹窗花（图5-56）。

司马第第二进院的厢房一层为不露柱的砖墙，采用了双扇板门和墙窗（图5-57、图5-58）。板门中央有门环一对，上下各有包叶，门楣上有四对门当，端头刻成菊花形状，两侧槛窗为方格梅花纹，清爽简洁，上面的横披窗均为三交六椀菱花格，和正房窗花呼应。楼上中央开间为四面隔扇门，次间开窗槛窗，格心均为斜方格纹。司马第的耳房大门上面的横披窗也作了处理，隔心装饰不尽相同（图5-59、图5-60）。

中宪第的门窗装饰与司马第相比相对简洁一些，同时第一进院比第二进院讲究很多。首先厅堂正面上下明间采用四扇六抹头隔扇门，楼下格心为柳条纹，次开间开窗为槛窗，采用灯笼锦，纱屉采用龟甲纹，裙板和绦环板没有雕饰，三开间的横披窗均为三交六椀菱花格，采用了三种不同的花式组合在一起，十分华丽。在中宪

---

[1] 门当即置于门楣双侧的砖雕、木雕，一般为圆形短柱，短柱长一尺左右，与地面平行，与门楣垂直，由于它位于门户之上，且取双数，有的两个一对，有的四个两对。门当代表了古人重男丁的观念，代表了人们生殖崇拜中重男丁的观念，意在祈求人气旺盛、香火永续。

图5-55 司马第厅堂后门

图5-56 司马第厅堂后门门当与横披窗

图5-57 司马第二进院厢房墙窗

图5-58 司马第二进院厢房大门

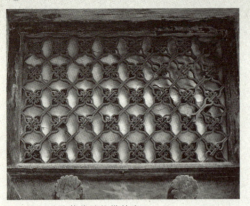
图5-59 司马第花瓣纹横披窗

图5-60 司马第二进院耳房横披窗

第,倒座房是主要用接待宾客的场所,立面比较开放,常有人出入,楼上楼下的三开间均为六抹头隔扇门,中间开间的隔扇格心采用灯笼锦,两侧开间则用柳条纹,和厅堂刚好相反,上方的横披窗采用灯笼锦。两侧厢房一层均采用板门和墙窗。第一进院的二层都使用了隔扇门和隔扇窗,格心均为简洁的斜方格纹。耳房的门窗更加简单,墙窗的格心采用稀疏的方格纹,横披窗则使用菱形纹。

中宪第二进院的门窗装饰纹样也比较统一,隔扇格心均采用斜方格纹,墙窗的格心多用方格纹,横披窗采用花瓣斜方格纹,造型干净整洁。

七、雀替和挂落

雀替是位于梁枋下与立柱相交的构件,由替木发展而来,长条替木架在柱子上托住两边的梁枋,可以缩短梁枋的净跨距离,防止梁枋与立柱之间角度变形。有时雀替会向水平与垂直方向延伸,使整开间的梁下与柱子一侧都有雕花装饰,这种装饰称为挂落,可以看出雀替从力学上的构件逐渐发展成美学的构件,具有重要的装饰意义。西文兴村的雀替装饰一般集中在一层檐廊的下部,整个开间的梁下常常布满雕饰,形成挂落,精致华美。

首先从司马第一进院的厅堂说起(图5-61),一层梁下的雀替雕刻成狮子的形象,两只狮子攀着柱子向上,口中衔着绣球,一根柱子两边的狮子还略有不同,左边的狮子

图5-61 司马第厅堂挂落

毛发乖张,显得凶悍,是雄狮;另一侧的毛发贴着身体,比较温顺,是雌狮。绣球上的绸带翻飞,倾向梁的中央。两只狮子的尾部则延长趋近柱子,这种造型使得每块雀替整体呈倒直角三角形,符合力学构件的特点。此外,两根柱子的柱顶雕饰以"富贵牡丹"为主题,画面以一朵花头硕大、盛开的牡丹为中心,一只喜鹊栖息在花的上面,寓意喜上枝头,两旁各雕以体型较小些的牡丹花。整株牡丹花形饱满,枝繁叶茂,仪态雍容,可以看出刀法沉着冷静,技艺娴熟(图5-62)。两边檐柱的柱顶雕饰相对简单一些,将盛开的牡丹花镶嵌在鼓出的壶状祥云木雕里,造型圆润饱满(图5-63、图5-64)。挂落中横向梁枋雕饰以夔龙纹为

图5-62 司马第厅堂明间两侧雀替

图5-63 司马第厅堂西次间西侧雀替

图5-64 司马第厅堂东次间东侧雀替

主要装饰内容，表现了曲折回转的龙身，端部两个龙头张嘴回望，龙眼炯炯有神，最中间以变体的"寿"字连接两侧的图案，寓意"福寿双全"。挂落上面的垫板也十分精致，以写实的手法将木料雕刻成为一片形似如意云头的莲叶，莲叶硕大饱满，边缘或卷或舒，中间是一朵盛开的莲花，以水纹衬托，整体纹理清晰流畅，而两边的垫板明显没有中间的讲究，中国古代礼制以中为贵的传统思想在这里得到充分体现（图5-65）。

司马第倒座的挂落图案以玲珑剔透的镂雕手法表现了盛开的牡丹，在三个开间的梁下柱间牡丹花恣意绽放，枝繁叶茂。栖息于花枝间的喜鹊回首凝望着盛开的牡丹。整个纹饰花鸟相互穿插，布局得宜，雕琢精美（图5-66、图5-67）。除此之外，还展现了六块有故事的木雕刻板，采用镂雕和高浮雕工艺，作为垫板和挂落中心的图案装饰其间，使其具有教育意义（图5-68、图5-69）。

司马第二进院檐廊下采用了月梁的形式（图5-70）。月梁就是将梁稍加弯曲，形如月亮，但北方建筑月梁做得弯曲度极小，司马第正房也是如此，并且没有雕饰，但端部的一点弧度使得梁枋的造型活泼轻盈。雀替采用镂空雕刻的手法，布满牡丹花样，玲珑剔透，花瓣清晰，造型优美（图5-71）。

中宪第一进院四周均有檐廊，每个檐

廊下的雀替挂落装饰有不同的雕刻纹样。厅堂雀替采用拐子龙的纹样，共有五拐，尺寸从底向上层层增大，形成倒三角形，承托上面的月梁。有意思的是上面的梁枋以浅浮雕的拐子龙[1]做底，和垂直的雀替呼应，中间采用镂空的手法刻画了一个如意云框，内卧一只盘龙，云纹两侧为牡丹花饰，牡丹花虽未重点刻画，却将花叶雕刻成如意祥云的样式，从牡丹花开始，向两边蔓延，该挂落纹饰简约，但布局得宜、构思精巧令人称奇（图5-72）。

中宪第的厢房和倒座的雀替和挂落均采用了缠枝纹装饰（图5-73～图5-75）。缠枝纹又名卷草纹，以藤蔓卷草经提炼概括变化而成，将盛开的花朵、花苞或叶子组织在连绵不断的枝茎上，形成"S"曲线形态连续排列的图案。由于缠枝纹的形态婉转曲折，结构连绵不断，繁盛华美，故具有"生生不息""子孙延绵"的美好寓意。在这两处的挂落上，以粗线条雕琢，纹饰洗练简约、庄重大方。中宪第第二进院的正房沿用拐子龙的图案，偏几何化，简约大方（图5-76）；厢房则为蛟龙图案，流畅优美（图5-77）。

"磐石长安"院的雀替以"福"为主题，月梁上没有雕饰，明间的木雕垫板刻有五只蝙蝠，寓意"五福临门"；次间的垫板上也有"福"的字样（图5-78）。

西文兴村的大门多采用门楼的形式，有门楼的地方多有挂落装饰。大门作为宅院的门面，其雕刻工艺要求更高，装饰图案也更加精美复杂。在中宪第的门楼雕饰中将雀替雕刻成祥云状卷草，其中最上方的卷草好似用绳子从中系住，形似书卷，看似简单，其造型欢快流畅，松弛有度，具有良好的视觉效果（图5-79、图5-80）。柱顶雕饰造型圆润，上有牡丹花点缀，但受损较严重。柱与柱之间的梁枋上以写实的手法雕刻了莲

图5-65 司马第厅堂挂落细部

---

[1] 龙是我国人民心目中的图腾，被赋予了灵性和许多美好的品质，能给人带来幸福，还能降伏妖怪、驱邪佑福。所以在建筑木雕中，除了在皇家官苑中有大量的龙纹雕饰出现外，民间也偶见各种抽象变形的龙纹。拐子龙是一种变形的龙纹，有多条龙纹首尾相接而成。

图5—66 司马第倒座挂落

图5-67 司马第倒座挂落细部

图5-68 司马第倒座垫板木雕细部

图5-69 司马第倒座挂落木雕细部

图5-70 司马第二进院正房的雀替

图5-71 司马第正房木雕垫板细节

图5-72 中宪第一进院正房挂落

图5-73 中宪第一进院厢房挂落

图5-74 中宪第木雕垫板细部

图5-75 中宪第一进院倒座挂落

图5-76 中宪第二进院正房挂落

图5-77 中宪第二进院厢房挂落

图5-78 磐石长安正房雀替

图5-79 中宪第门楼挂落

图5-80 中宪第门楼挂落

图5-81 行邀天宠门楼挂落

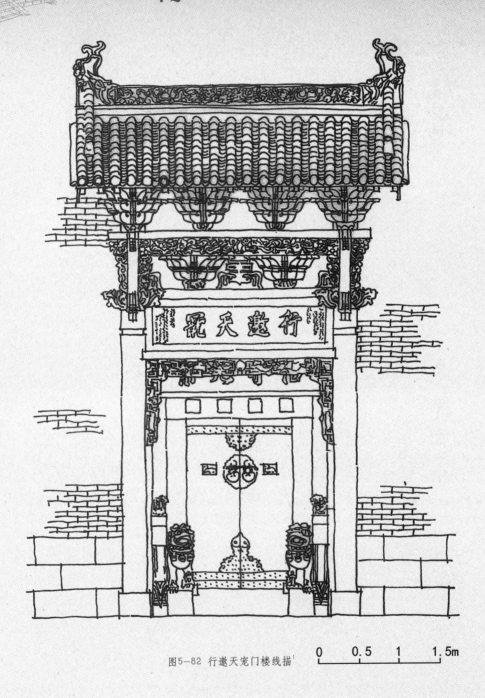

图5-82 行邈天宠门楼线描[1]

1 摹自：楼庆西著.西文兴村.河北教育出版社，2003.98.

图5-83 行邀天宠挂落细部

花、莲叶图案，其中花蔓卷曲连绵，花瓣饱满，荷叶亦卷亦舒，叶脉清晰。自古以来，莲花"出淤泥而不染"，形象雅洁，被人们视为花中君子。同时，莲花花头形似"品"字，一品又是古代最高官阶名称。加之"青莲"与"清廉"同音，所以民间常常借莲花寓意即便是官居一品，也要公正清廉，不可贪赃枉法。

行邀天宠院落的挂落十分精致，采用了多层立体镂雕（图5-81、图5-82），替木部分雕刻有一童子手持莲叶站立在一瓶莲花上，寓意"连（莲）生贵子"，在挂落的水平横木上以深雕的拐子龙做底，龙头穿插其间，其上再雕有琴、棋、书、画"四艺"纹样，该挂落图案丰富，雕刻细腻（图5-83）。

八、栏杆

西文兴村中的居住建筑大多是两层的四合院式建筑，所以正房、厢房、倒座往往有檐廊，并在二层设有栏杆。栏杆主要由两部分组成，上是扶手，下为栏板。栏板又分上下段，上段为空格条纹，下段为实心木板。各栋建筑的栏杆看起来尺寸基本相同，通过细节上的雕饰来体现不同建筑的等级和特色。

司马第厅堂的二层栏杆木雕十分精彩（图5-84）。扶手下的垫板采用深雕工艺，刻画了盛开的牡丹和飞舞的凤凰。牡丹之前已经介绍，此不再赘述。凤凰是中国古代劳动人民智慧的结晶，是集多种鸟禽的特征于一身、幻想出来的神兽，因此是集美丽于一身的美好形象的象征，其内涵丰富，象征着富贵华丽，给人带来吉祥（图5-85）。栏杆的空心条纹部分采用了波浪纹，每个开间的实心木板被竖向分隔成四片，每片又被分成两份，每片木板上都刻画了一个博古纹样，三个开间24块实心木板都雕以不同的纹样，其中除了有花篮等传统的暗八仙图案外，还有花瓶牡丹寓意"富贵平安"，大橘寓意"连

图5-84 司马第厅堂栏杆

图5-85 司马第厅堂栏杆垫板木雕细节

中三元",还有象征"琴棋书画"的棋盘,象征"福寿连绵"的佛手。一个栏杆的实心木板就展示出了这么丰富的博古纹,令人称绝。

司马第倒座的栏杆和厅堂相似,不同的是倒座栏杆部分雕刻有成对的凤尾龙,龙身宛如蛇身,扭曲盘旋,而龙的后半身分出数个支叉,犹如传统纹饰中逶迤的凤尾,柔媚无限,极为少见,故名[1](图5-86、图5-87)。

司马第第二进院正房的栏杆和它的门窗装饰一样以雍容华丽为主(图5-88)。扶手下的垫板圆润饱满,运用镂雕的工艺表现了隐匿在云中的蝙蝠(图5-89)。下段栏杆采用柳条纹,实心板中央雕刻了一个变体的"寿"字,和垫板一起寓意"福寿双全"。

中宪第第一进院正房栏杆的雕刻就不如司马第那般精细,趋于扁平化,扶手的垫块以骏马为主题,实心板部分明间八块以博古纹"琴棋书画、文房四宝"为主题,分别刻以不同的图案,次间则重复"寿"字图案(图5-90)。

---

1 引自《门庭臻秀》,冯茂红,郭冰著.山西人民出版社,2009.81.

图5-86 司马第厢房栏杆

图5-87 司马第倒座栏杆

图5-88 司马第正房栏杆

图5-89 司马第正房栏杆垫板木雕细节

图5-90 中宪第一进院正房栏杆

关帝庙大门铺首

司马第大门铺首

中宪第大门铺首

香泛柳下大门铺首

堂构攸昭大门铺首

行邀天宠大门铺首

磐石长安大门铺首

司马第厢房铺首

司马第厅堂铺首

中宪第厢房铺首

堂构攸昭厢房铺首

中宪第厢房铺首

香泛柳下耳房铺首

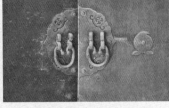
司马第耳房铺首

中宪第隔扇铺首

图5-91 西文兴村铺首集合

九、铺首

铺首是中国古代为数不多的金属构件，因为形似古代乐器中的"钹"，故也称为"门钹"。铺首既有开关大门和叩门的实际作用，又有装饰、美化门面的效果。西文兴村的铺首形式虽丰富多彩，但风格比较简单大方，铺首底座一般是一分为二的圆形贴片，U形门环挂在每扇门板的下衔环上，用来叩门，所以环下方的位置会有一块月牙形的铁皮。这样，门环落下时会发出声响，同时起到保护木板门的作用；下衔环则用来插门闩，门闩一般是一根长铁棍，一段有开孔，用来上锁。为了防止门闩的端头磨损门板，在此位置还有一小块铁皮垫块，这块铁皮也常常赋予装饰作用，铸成"福"字、门神或神兽的图案（图5-91）。

关帝庙大门的铺首底座呈圆形，周边以如意纹饰边，在圆内采用万字纹装饰，圆的右边有一个小的方框铁皮，中间刻有"福"字。虽形式简单，但配以关帝庙的红色门板，具有一种典雅大方的气质，寄托了美好希望。

司马第大门的铺首与其他住宅不同，首先外形比较大，并且靠近板门上面的包叶，人若叩门，需将手臂抬高才行，表现门第高贵。底座中部隆起球面，上安装铁环，周边有豁口，豁口之间装饰有万字纹。在圆形底座下面还有月牙形铁皮，边缘处理成如意状。

司马第二进院的厢房为板门，这里的铺首小而精致，如意边缘的圆形底座内部，寿字纹沿X的四角方向布置在里面，构图饱满，简洁大方。

十、匾额装饰

匾额是中国古建必不可少的组成部分，山西民宅中历来也有门上悬匾的传统，并且已经成为民居的重要组成部分。"匾"又作"扁"。《说文解字》中解释："扁，署也，从户册。户册者，署门户之文也。"而"额"字则解释为悬于门屏上的牌匾。西文兴村中的匾额多为三言、四言，言表抒情，教化后人，寓意深刻，传达出主人的追求和向往。在西文兴村，几乎每个院门都有匾额，有木制，有石制也有砖制。匾额阴刻阳刻皆有，有的会再饰以金粉，有的直接用笔墨书写，种类各异，字体多变，颇有特点（图

5-92)。

"司马第"前后两进院均有匾额,第一进院为木质匾额,阳刻有"司马第"三个大字,描以金粉,蓝彩做底,四周以蝙蝠祥云为边框,寓意幸福吉祥。

"清洁传芳"为"行邀天宠"院落沿街院墙的大门匾额,为行书阴刻,以回形

关帝庙大门匾额

司马第大门匾额

行邀天宠大门内匾额

中宪第大门匾额

行邀天宠大门外匾额

司马第二进院大门匾额

清洁传芳院门匾额

磐石长安大门匾额

居处恭大门匾额

高楼院题刻

一房山阁题刻

柳府门头题刻

魁星阁石拱门外题刻

一房山阁题刻

真武阁拱门题刻

文昌阁三拱券题刻

关帝庙旁门题刻

刘春芳墓室题刻

图5-92 西文兴村匾额集合

纹做内框，宝装莲瓣为外框，端庄秀雅。其中"清洁"取清廉、廉洁之意，出自《韩非子·外储说左下》："辩察于辞，清洁于货，习人情，夷吾不如弦商，请立以为大理。"陈奇猷在《韩非子集释》中有："清洁于货，谓不贪污财货也。"传芳，流传美名，出自《晋书·元帝纪论》："岂武宣余化犹畅于琅琊，文景留仁传芳南顿"。这副匾额是对后世为人处世的训诫，当朝为官，要保持清廉的品格，并将这种精神传承下去。"行邀天宠"内院的大门匾额"恪守先业"更是表达了院主对后世子孙的殷切期望。

西文兴村中的石牌坊有标榜功德的作用，上面匾额的含义也自然与此相关。第一个牌坊匾额阴刻有"丹桂传芳"。丹桂，是指有出息的子弟，出自《赠窦十》："燕山窦十郎，教子有义方；灵椿一株老，丹桂五枝芳。"第二个牌坊匾额上书"青云接武"。青云指高空，也指人一下子升到很高的地位上去，出自《史记·范雎蔡泽列传》："须贾顿首言死罪，曰：'贾不意君能自致于青云之上。'"接武解释为继承，出自曾巩《议茶》："我国家勃兴昌运，抚有方国，四圣接武，泽流生民"。柳氏族人是希望借此匾额教育后人继承先人的业绩。

香泛柳下院门匾位于"香泛柳下"东侧门洞上方，采用线雕文字，文字两边有线雕花瓶，匾额四周表面有细纹装饰，四方连续布置有万字纹、花瓣纹，十分丰富。其中"柳下"取自柳氏家族的鼻祖柳下惠，又因河东柳氏是百世书香门第，代有文人或入仕或经商，"香泛柳下"名副其实。

居处恭位于村东坡下，正门门洞上方有一砖制阳刻匾额"居处恭"，有波浪纹和竹节纹两圈边框。"居处恭"出自《论语》："樊迟问仁。子曰：'居处恭，执事敬，与人忠。虽之夷狄，不可弃也。'"译为："樊迟问怎样才是仁。孔子说：'平常在家规规矩矩，办事严肃认真，待人忠心诚意。即使到了夷狄之地，也不可背弃。'"表达了主人的生活态度和人生准则。

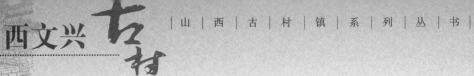

附 录

附录1 历史建筑测绘图选录

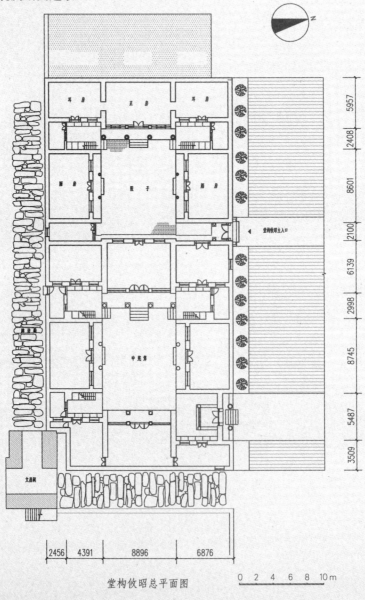

堂构攸昭总平面图

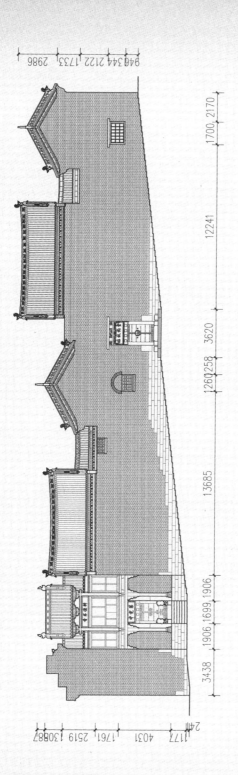

堂构依昭沿街立面

附录

堂构攸昭横剖面图

堂构攸昭纵剖面图

堂构攸昭大门大样

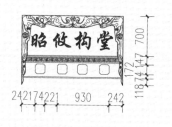

堂构攸昭门脸大样

堂构攸昭铺首大样

堂构攸昭垫块大样

西文兴 古村

| 山 | 西 | 古 | 村 | 镇 | 系 | 列 | 丛 | 书 |

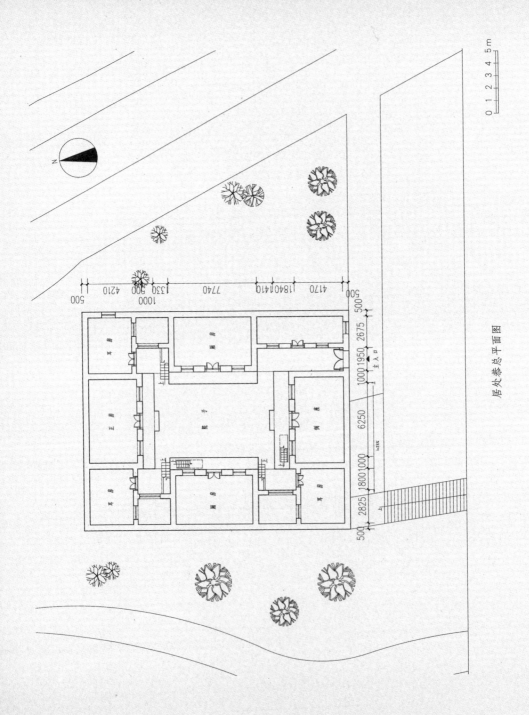

居处泰总平面图

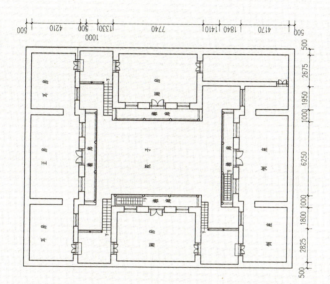

居处恭二层平面图

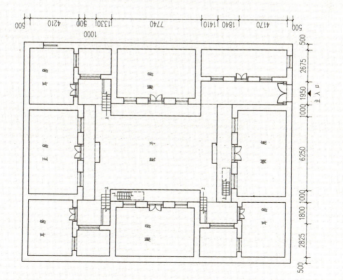

居处恭首层平面图

附 录

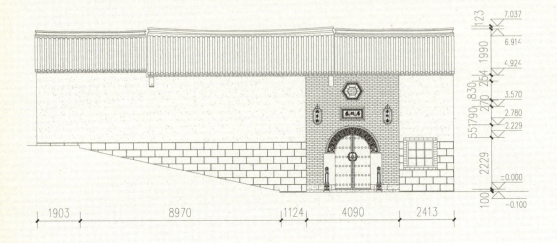

居处恭沿街立面

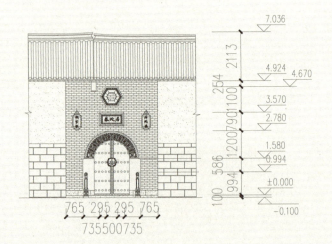

居处恭大门大样

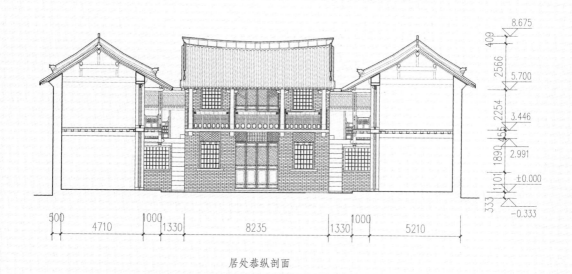

居处恭纵剖面

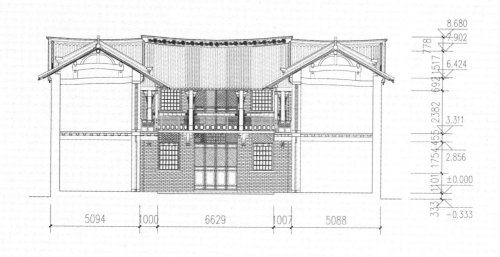

居处恭横剖面

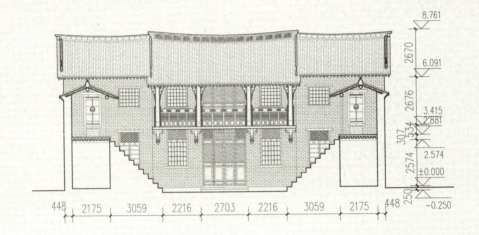

居处恭横剖面2

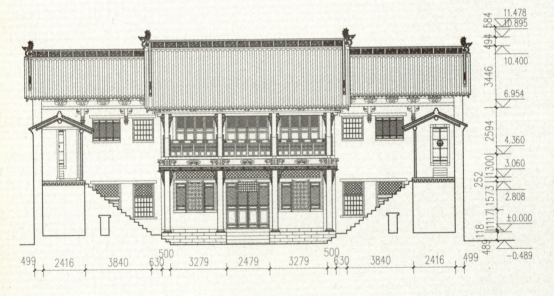

居处恭横剖面3

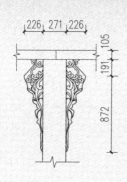

居处恭雀替大样

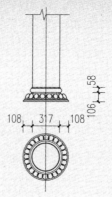

居处恭柱础大样

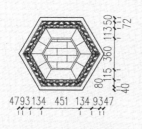

居处恭砖雕大样

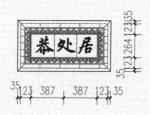

居处恭匾额大样

居处恭砖雕大样

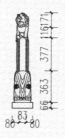

居处恭抱鼓石大样

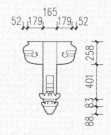

居处恭垂莲柱大样

附录2 碑文选录

1. 始修一房山碑记[1]

　　□□□□□环吾乡皆山也，山自太行，地北有鹿台蟠回，高出诸峰。南应历山，驰奔云盡，倚空向出者，千峰碧苍翠，东曲陇鳞鳞，下临大涧，西山隆沃，壮似行而复顾，或曰伏虎山，或曰凤凰岭。吾柳氏族世居之，最蕃且盛，岂非钟斯然哉？不然，奚若是也？先祖乡宾公，独羨是乡，欲营以楼，未果。

　　嘉靖庚子春三月，先君暨叔处士公遂果之，成于辛丑年冬十月。楼高七丈，巍然并群山而立。吾暇则登是楼焉，有寄怀林麓之雅，有舒情丘壑之思。时作阴浓，身卧隐雾，倏尔晴空，目送远云。或皎日三伏，清风独爽，或皓月千里，层峦迭巘。故观于楼，而曰丽哉，景色其吐之矣，观于乡，而曰美哉，名山其拱之矣。撰记者发奇，勒石者图□，□或安于鄙而靳其辞，岂不重贻林涧□□沉没先人之续乎？是故兹记也，弗已。

皇明嘉靖辛丑冬十月吉　　柳大夏

2. 柳氏宗支图记[2]

　　按氏族，柳氏系出鲁大夫展获公，食邑柳下，因姓焉。厥后详见谱，代有闻人，而惟唐为尤盛，名贤继出，卒流声于史，炳如也。唐末，始祖自河东徙沁。历国初迄今，以甲分者四，以户分者十，而其初则一人也。以一人之身，而甲则四，户则十，奚翅服尽？昔苏明允谓："情见乎亲，亲见于服，服尽则亲尽，亲尽则情尽，情尽则喜不庆，忧不吊，相视如涂人。"於乎！由一人分而为涂人，故感苏子之言，而作是图也。图变谱法而创，以意为之。谋立于祠堂之东，取其登堂一览，咸有反本乏思焉。

　　□惟予族，甲与户既分，字讳多弗悉，乃断自近代寿官公，公四子。以方界之，明世系也，书字某某，寓行序也。养异姓者不书，恐乱族也，服释道者不书，恶不孝也。子冠许例书于下，石尽复立之如左。图既成，告于祠堂，进族之老幼而语之曰："今众人之身，即初一人之身也，而千焉，而万焉，亦初一人也。誓令庆吊相交，患难相恤，贫乏相周，间有敏而好古，惟法乎唐之贤者，师乎圣之和者，而勿鳌于道，违则共让之。"众皆曰："诺。"而又按图以指之曰："某也，某所出也。"玩图而泫然悲也，油然追远之心无已也。倾序昭穆于堂，则同气蔼如，退则肃如，及其既归，而若有不忍遽舍也，瞻如遵如。於乎！真情果不终泯，礼让起于须臾，何虑乎甲之为四？何虑乎户之为十？又何虑乎千万人之不为一？

　　遇春遂勒图于石，因记之。又从而歌曰：

　　　绎先公兮，赫赫明明。

1　镌刻于明嘉靖二十年(1541年)，现存西文兴村，记述了西文兴柳氏修建一房山之经过。

2　镌刻于明嘉靖二十九年(1550年)，原在西文兴村柳氏祠堂，现存于该村关帝庙，碑额篆书"柳氏宗支图记"六字，分上下两个部分，上部为碑文，记述了西文兴柳氏繁衍至嘉靖二十九年，"以一人之身，而甲则四，户则十，奚翅服尽"，并告诫后人，要"患难相恤，贫乏相周"。下半部为柳氏宗支图谱，字迹不清。

启后人兮，贤贤亲亲。
子子孙孙，继继绳绳。

皇明嘉靖庚戌冬十月吉日柳遇春撰

3. 亡妾圹志铭[1]

亡妾者，我柳遇春妾也。妾姓朱，蒲州中堪之女。母王氏，生妾于嘉靖甲午三月十八日，纯悫窈细，质若弗任衣者。嘉靖戊申九月十一日，妾年十有五，适我，能以怡颜事妻，妻爱之若妹。与妾合旬月，读书于惠济寺。逾年归，因戏之曰："不意离之久也。"妾曰："愿君读书尔，胡云离？"又合旬月，我将之京应试，妾见其离长，渻忽忽承。少顷，复欣然侍我行，盖恐□我之戚，故如此。庚戌正月元旦，夙兴谒先人祠堂毕，携我女登楼，又走阋诸室，遂就寝。身生赤癍，妻召医视之。医曰："赤癍易为也，恐变而黑。"已而果黑，至十六日，医不能救，以死。妻及我女哭之竟夜，厚治棺具，埋之先茔侧。初我之京也，游太学，夜宿成贤街，梦中恍若人语之曰："妾死！妾死！"觉则自以为梦出所思。未几，家书至，曰正月十六日妾死。呜呼！我梦之夜，适妾死之日，妾果魂游千里外，而使我知与？抑或鬼种先报之与？顷刻千里，又何异也？呜呼！妾为人仅十六年，为妇一年仅四月，生无遗孩，死不见夫，且离合久暂，又何相远也！呜呼！归不见妾，止见坟丘之垒垒。

铭曰：
既以归我，忠我，又胡弃我？汝魂焉之，能不悲我！

4. 亡妻刘氏墓志铭[2]

亡妻刘氏者，汉封庠生刘乔兰女，母柳氏。为予柳遇春妻。妻亡，柳遇春曰："痛乎！予奚以家也？又奚忍弗志，以泯予妻？"妻祖刘杰为神木令，有世范。妻式焉，少喻，女俞闲重，弗轻言笑，精制绣织红，予母见爱之，妫其母柳氏字予。嘉靖壬辰，予年十岁，母亡。戊戌七月十一日妻予。越二年，庚子予父亡。予鲜兄弟，惟妻与予守父柩哭朝夕。时家近索咸曰"理尔家"，妻非之，愿捐撼家累，劝予逾百里外讲学惠济寺。或频归，辄以废学，讽予外学。妻殚心蚕织，经理田稽，力勤茹淡，时羞祖母衣食，能豫祖母。予归则察其微，心自与之，曰："予其有妻矣，孝而才。"丙午予举于乡，妻曰："劝学果有征也，慎勿已也。"妻沉默终日，内则整整，性敏善虑，烛事悉解悟。予论时事，退而与妻言，妻克析理自为说，诸符理要。为予嗣，慨脱簪珥聘宋氏妾。宋氏死，妻哭且哀，厚瘗之。已而复聘妾梁氏，刘氏无一忤言。宾卒至，入庖治馔，能立辨。相予起堂室，日食诸匠，未见疾言遽色，自秩然理。居邑，闻贪令以贿刑人，间尝质予曰："君仕若之否？若是，罔与君面也。"予洒然异之曰："妻亦知乎哉？贪而□者，胡不恧焉？"予少疾，方言刺血愈，惧痛，已妻自刺其手，血注注焉流，笑谓予曰："奚其痛？"又宿危楼，寇至，四面火其屋，妻闻予不能脱，自以身赴火死。及获救出，身半炙于火，予亦脱其厄。呜呼！推是心也，虽与烈行同趋可也。

---

[1] 镌刻于明嘉靖二十九年(1550年)，现存于西文兴村，墓主人为柳遇春妾，姓朱，蒲州朱中堪之女，碑文为柳遇春所撰。

[2] 镌刻于明嘉靖三十一年(1552年)，现存于西文兴村，柳遇春撰文，墓主人为柳遇春妻刘氏，为土沃乡汉封村人。

　　壬子，复游惠济寺学。五月初八日，妻生子。七月，仆以妻疾报予，亟归视之，若少间，至八月十八日辰时连呼曰："衣我。"左右衣之，忽自起，呼曰："我走矣。"左右急扶之，遂卒。神不乱，耳目精明犹昔年，止三十有四。生于正德己卯四月二十一日。一子名九儿。四女，一适驿丞刘天锡子时宪，一适监生牛如麒子学诗，一适乡进士李春芳子汀，四幼。九月二十七日，权厝于予母侧。柳遇春曰："痛乎！予奚以家也？壶内倾范，其何能淑予，入而无与言者，益痛予妻。"呜呼！妻亡而失助矣，故曰子奚以家。既成予家，复夺予妻，天意胡可原耶？呜呼！不可原也，可痛也。予痛惋，志之以告予之予，俾勿泯。

　　铭曰：

　　噫！妻乎，尔多予内淑，是予之不淑，积尔躬以塾尔，尔姑之傍，峨焉有封，尔归之，尔丽尔姑，尔勿尤尔夫，尔有行有后，予曰尔寿，尔安斯丘，勿谓尔年弗修。噫！妻乎！

　　　　　　　　　　　　　　　　　　　明嘉靖三十一年壬子九月吉日夫柳泉柳遇春撰书

5.王国光柳遇春诗碑[1]

　　　　　　　　　游黄土洞地名丹阳
　　　　　　石磴高悬逼太虚，云藏栈路过仙庐；
　　　　　　前年黄土飞天去，王烈还能得素书。
　　　　　　万仞烟霞上玉虚，山为屏障石为庐；
　　　　　　桃花洞口蟠千岁，中有仙人不老书。
　　　　　　　　　　　　　　　　　　　户部侍郎阳城王国光书

　　　　　　曾闻黄石卧丹阳，谁凿灵丘开玉堂？
　　　　　　金灶犹遗松下火，独伴闲云仙路傍。
　　　　　　声合灵涵万谷虚，白云深锁赤松庐。
　　　　　　可能跨鹤超三界，愿学千言老氏书。
　　　　　　　　　　　　　　　　　　　乡进士沁水柳遇春
　　　　　　　　　　　　　　　明隆庆四年夏四月吉柳富春刘时亿立石

　　　　　　　　　游西坪道中
　　　　　　羊肠百叠步难留，猿鸟飞腾亦解愁。
　　　　　　独有神驹跨逐电，遥身直上碧云头。
　　　　　　　　　　　　　　　明隆庆四年四月田宜庵柳柳泉云王国光书

6.柳氏祠堂仪式记[2]

　　柳遇春曰："《礼》：君子将营官室，庙为先。而予独后焉，罪也。先君日忔忔，以尊祖敬宗报本及始为念，尝曰：'缺哉斯堂，何以为礼。'予思先君言，心口历口于斯者三十余年。至隆庆已

1　镌刻于明隆庆四年（1570年），原在沁水县黄道士洞，现存县博物馆。隆庆四年夏田宜庵、王国光、柳遇春三人同行游览历山。

2　镌刻于明隆庆六年（1572年），现存于西文兴村柳氏祠堂。

巳仲冬吉，遂建祠堂于居第之东南。壬申春，始克成之，以处祀事。呜呼！祀事宗子责也，宗立则祀严，祀严则族合，族合则亲不离，其所系大且重者也。先君暨予之子之林三世，皆嫡长子，而宗子责在予，以责之重大，愧弗克任，然分不容辞，且惧其离也。乃参酌程、朱之议，奉高祖以下神主，次第列龛，躬行祀事，因考诸家礼，列式于后，又以冠婚丧礼，有关于祠堂者，附以予意并列焉。俾予之子孙，世世守而行之，其亦终先君之志，以逭予之罪矣乎！"

一祠堂，世世主于宗子，不得分析，如有损坏及时修理，当洒扫洁净，严加锁闭，非参谒，勿擅开入，及将一应闲杂器物置放于内。

子孙入祠堂，当正衣冠。即如祖考之在上，不得嬉笑、对语、疾步。

置祭田，子孙轮掌之，不得分析。

具祭器，皆贮而封锁于祭库中，不得他用。

正至朔望则参。

主人晨谒于大门之内，主人谓宗子主祭者。出入必告，告辞曰：且将远出，某所敢告，归，某所敢见。

有事则告，如授官、封赠、冠、婚、丧等事。

生子，见庙告辞曰：某之子，其妇某氏，某年某月某日某时生，第几子，敢见。

四时之祭，用仲月上旬，宜祭祀日，前期斋戒。礼告以子弟，知礼者为之。祭品用三牲、面饼、美饭、时果、蔬菜、茶酒、香纸。惟务精洁，勿过腆，恐继如时力可及者，自当如仪。

正月初一日、七月十五日，俱如时祭。清明、寒食，祭于墓。

祝文曰：具年月日，孝玄孙柳某，敢昭告于高祖考某官府君，见官者称处士，高祖妣某封某氏；曾祖考某官府君，曾祖妣某封某氏；祖考某官府君，祖妣某封某氏；考某官府君，妣某封某氏；曰：序流易时，维仲春□□追感时不胜录。慕敬以清酌庶馐祗荐，□事以某亲，某等祔食，尚飨。

俗节则献以时食。

正月十五日、五月初五日、六月初六日、七月初七日、八月十五日、九月初九日、十月初一日、冬至日、十二月初八日、除夕日，有鲜物则荐。

忌日，如时祭以土仪节，并遵家谨。子孙无故不预祭者，罚。

祭毕，设席于中厅，东向为昭，西向为穆，世为一席，各以齿坐，以余共飨之，所以会宗族而笃恩义也。余则颁仆人，使均沾其惠。

一男子，年十五至二十一岁，身及父母，无期以上丧，始择吉日，行冠礼。前期三日，告于祠堂，祝文曰："某之子于某年渐长成，将以某月某日加冠于首。谨备以酒果，用伸虔告，谨告。"

迎娶、嫁女礼，前七日，告于祠堂，祝文曰："某官某子、某月某日迎娶某府某氏，告于先祖祠堂灵位。"吉日备茶酒席筵合族同聚三日，主官宴席量入而出，喜庆九日，同灶餐之。祠堂置备器什、米粟、鲜菜，新婚郎氏戒斋三日，虔告先祖，一日三餐。

丧葬事祭者，虔文告祠堂高祖，列入三堂告之三日，老幼勿喜庆戏笑，祭祀于堂，然后告于墓。吾儒穷理之学，尔精通席不惑，予庸街亲于非地真孝之月余、年余，及至三年之祭，可归茔。斯期逢祭祀俗食时日，子孙必祭之，其念某官公、氏阴德。如公封授在身，府衙悼之者，贻赠者，柳氏驿、典、号迎送至府官，子孙敬迎祠堂，设席中厅。礼迎者乡宾之责，子孙切勿违之，以失礼义。

皇明隆庆六年仲春正月吉柳大夏同立

宵春　逢春　遇春　方春拜叩祖

7. 新建板王庙木坊记[1]

关王庙既成，予从弟富春于庙门之南树一木坊，而以坊之匾，问字于予。予曰："书其匾曰忠义。"富春曰："何谓也？"予曰："谓其忠于扶汉，而义不事操尔。"富春曰："愿闻其详。"予曰："昔炎运衰微，群雄角逐，非无以杰然称者，而从魏从吴，后世少之。惟王以昭烈为帝室之胄，奔附御侮，情同昆弟。至于崎岖颠沛，而其志愈不可夺，卒能辅翼鼎立，克绍正统，而其志之未终者天也。此非忠乎？下邳之遇曹，礼之甚厚，既以昭烈誓以共死，视曹之爵赏，真如草芥耳，竟不事曹，尽封其所馈而去。此非义乎？当其降于禁，斩庞德，与夫谈笑间而割臂，万人中而刺良，气凌三军，称万人敌，威震华夏，为世虎臣。魏欲徙都以避锐，吴欲求婚以固好，率皆忠义之激发□矣。没为神明，而血食万世也。书其匾曰'忠义'，孰曰不宜？呜呼！忠义乃人心所固有。事君而贰其节，见利而忘其义，非无是心，欲炽而□□丧之焉耳矣。闻王之风者，独不惕然省，奋然发者乎？"是故，记而表之，亦将律天下后世之为人臣者。

皇明万历癸未春正月吉旦
奉直大夫柳遇春撰

8. 重修关王庙记[2]

西大兴之有关王庙，其来尚矣。建置始末，靡得而考焉。至嘉靖中，庙近沙涯日浸，浸及廊柱。予叔大夏于庙之东，施地一区，子遇春暨从弟方春，撤旧材而易以新木，修正殿四楹。遇春募画工绘之。左右耳殿各二楹，东西廊各四楹，门房四楹，皆以旧庙基易价而修之者。始于嘉靖己未春三月，至秋九月，厥工告成，焕然一新。予观而庆，其视昔不侔矣，王其安于斯乎？王解良人也，庙祀遍天下，而惟解为尤甚。予尝游蒲坂，路经于解，瞻拜庙貌，规制宏丽，威灵显赫，以为王生于斯，故享其祀，亦安于斯。今予乡庙制，虽未埒于解，而蒸尝伏腊，乡人事之，惟虔惟谨，故王之威灵，每祷辄应，其显赫亦如之。盖予乡距解仅四百里许，亦密迩所生之地，王岂不安于斯乎？予庆其庙之新，而叙其神之安如此。若夫王之忠义功烈，载在《三国志》者，与日月争光，与天地同久，兹不记。记其修之岁月，与夫修之之人者。

皇明万历癸未春正月吉旦
奉直大夫柳遇春撰

9. 明奉直大夫同州刺史三峰柳公墓志铭[3]

赐进士第嘉议大夫吏部左侍郎前都察院左副都御史协理院事邑人眷生晋川刘东星撰
赐进士第中宪大夫河南布政司左参政阳城年眷生田南张升书
赐进士第行人司行人邑人晚眷生海虹张五典篆

万历二十四年二月晦日，柳同州终于正寝。越明年正月初六日，归葬于祖居西大兴，即公所自营

---

1. 镌刻于明万历十一年（1583年）正月。现存于沁水县土沃乡西文兴村，柳遇春撰文。
2. 镌刻于明万历十一年（1583年），现存于西文兴村，柳遇春撰文。
3. 镌刻于明万历二十五年（1597年），现存于西文兴村，墓主人姓柳，名遇春，由刘东星撰文，张升书丹，张五典篆额。

佳城也。厥嗣之林辈持参知张临碧公□谒予，请铭。予少读书武安，侧闻绪论同计，偕相切劘最深，铨次辨官其颠末最悉，非余谁□□铭？

按状，公讳遇春，字时芳，号柳泉，一号三峰。其先世河东人，唐末徙居沁。曾大父□马录，庚子举人，未仕卒。大父侃，以齿德为乡祭酒。父大濩，省祭官，富而乐施。母丁氏，嘉靖元年二月十九日生公。

公生时，人见高僧入室，以为异兆。比长，聪颖、善识，有大志。省祭公遣出百里外，就明山赵先生学《易》，十五补博士弟子员，赴河汾书院讲习，肆力于诸子百家。督学俞公试，奇其文，取冠邑士。

丙午领乡荐，每会试，辄咨闽、浙知名士探讨，穷究分□课艺，士多以大魁期之，然而鏖战者九，点额者二，卒不售。辛未，谒选铨部，授巩昌别驾，驻河西。河西故五单于地，人情习为贪婪，侵牟者众，聆边饷若探囊。有司率骨九法从事，岁久益不可诘。公至，则励清操，绝请托，振口疏滞，摘伏钩稽，驞强宗之田，收悍将之甲，眘墨胥之胆，□号冒姓之符，积年弊窦，一扫而更之，军储□于往额。当路廉其贤，屡荐于朝，擢宁海太守。公方子视东人士，而东人士亦有慈父之称。居无何，坐违限落职。公上疏自陈曰："西陲士马钱谷，亦王事也。臣奉命委查，淹□岁时，欲核实数，惩宿猾也，岂故迟回？似难以例律之。"疏下，所司得白，准复原官。时冯朔守缺，□文庄公为桑梓择人，得公，大惬群情，厝注咸宜，宽里甲，兴学校，白覆盆之冤，拯转壑之瘠，锄暴植良，解梦定卒，声籍甚。序次当迁，会西安二守某误入人大群属覆□，以成案托公，公推鞫再三，得其真情，具以告，某不怪。公叹曰："古人治狱，有求其生而不得者，吾锻炼文致无辜至死，□尺安在？"卒从公议，而萋斐之口自兹始矣。寻解官归，囊无余积，岁人不足以供所出，恬如也。□遇佳节，与二三耆旧结社引觞，萧然自适。生平好贮古书及名人墨刻，评骘时秋以秦汉为□，督子姓修业，蔚有令闻。

凡造祠堂，构书屋，建尊经阁，必择胜概，求令辰，审向背之宜，补风气之缺。自曾祖而下，各树墓碣，阐隐扬休，诸葬地有久逆失利者，各涓吉改卜从事，虽其堪舆精口，而贻谋燕翼，规制宏远矣。寝疾日，其子延医进药饵，笑谓之曰："穷通有数，死生独非命耶？若翁以文墨绾郡符，享荣名禄养，得终天年，夫复何冀！"寿七十有五。所著有《柳氏世谱》。作文则言《河西条陈稿》、《牧民条》诸书。

原配刘氏，邑庠生乔兰女，治家严肃，先公卒，年仅三十有四。继配原氏，阳城庠生一本女，惠溥，樛木内助，滋多子。男二：之林，庠生，娶李氏，给谏凤冈公女；之材，庠生，娶韩氏，举人可文女，继赵氏，懋官女，李氏，儒官梯女。俱原出。女五：一适驿丞刘天锡子时宪，一适太学生牛如麒子庠生学诗，一适给谏李凤冈公子庠生汀，一适大尹张知言子和，一适大参张田南子庠生天与。孙男二：炳然，娶张氏贡士之任女，焕然，聘李氏太学生国柱女。孙女一。曾孙男一。

余佐铨曹，品藻天下士，见刺士能举其职者不数人，而膺异命崇陟以光显其世时有之。若柳公者，文章足以鸣世，而竟阨于第，政事可以安民，而止泽及二郡，名不满望，位不酬德，惜哉！然身享遐龄，优游考终，有子能读父书，有孙绳绳继美，天之报公者，殆未吝也。是宜有铭。

铭曰：

柳自河东，荫于沁水。

代有闻人，昌于刺史。

博学考文，履绳蹈轨。

为圉发奸，为民申理。

未究厥施，施于孙子。

既享寿祺，亦介繁祉。

10. 阳明先生谕俗碑[1]

　　为善之人，非独其宗族、亲戚爱之，朋友、乡党敬之，虽鬼神亦阴骘之。为恶之人，非独其宗族、亲戚叛之，朋友、乡党恶之，虽鬼神亦阴殛之。故积善之家，必有余庆；积不善之家，必有余殃。

　　今人不忍一言之忿，或争铢两之利，遂相构讼。夫我欲求胜于彼，则彼亦欲求胜于我，仇仇相报，遂至破家荡产，祸贻子孙。岂若含忍退让，使乡里称为善人长者，子孙亦蒙其庇乎？

　　见人为善，我必爱之，我能为善，人岂有不爱我者乎？见人为不善，我必恶之，我苟为不善，人岂有不恶我者乎？故凶人之为不善，至于陨身亡家而不悟者，由其不能自反也。

　　今人为子孙计，或至谋人之业，夺人之产，日夜营营，无所不至者，人谓为子孙作马牛；然身殁未寒，而业已属之他人，仇家群起而报复，子孙反受其殃，是任为子孙作蛇蝎也。吁！可惑哉！

阳明先生论俗四条
长洲文征明书

11. 易经系辞碑[2]

　　易有太极，是生两仪。两仪生四象，四象生八卦。八卦定吉凶，吉凶生大业。
　　天地定位，山泽通气，雷风相薄，水火不相射。八卦相错，数往者顺，知来者逆，是故易逆数也。

朱熹书

12. 孟子语碑[3]

　　居天下之广厦，立天下之正位，行天下之大道。
　　得志与民由之，不得志独行其道。
　　富贵不能淫，贫贱不能移，威武不能屈。
　　此之为大丈夫也。

阳明山人书

13. 四箴碑[4]

　　父子箴：子孝父心宽，斯言诚为确；不患父不慈，子贤亲自乐。父母天地心，大小无厚薄；大舜曰夔夔，瞽叟亦允诺。方元换书

　　夫妇箴：夫以义为良，妇以顺为令，和乐祯祥来，乖戾祸殃应。举案必齐眉，如宾互相敬；牝鸡一声鸣，三纲何由正？

1　镌刻石于明代，现存于西文兴村，王阳明撰文，文征明书丹。
2　镌刻于明代，现存于西文兴村，朱熹书丹，已残为两截。
3　镌刻于明代，现存于西文兴村。王阳明书丹。
4　镌刻于明代，现存于西文兴村，分两块，镶嵌于"中宪第"大门内墙壁，由方元换书。方元换，安徽歙县人，明代著名文学家、书画家。

兄弟箴：兄须爱其弟，弟须敬其兄，勿以纤毫利，伤此骨肉情。周公赋棠棣，田氏感紫荆；连枝复同气，妇言慎勿听。

朋友箴：损友敬而远，益友宜相亲；所交在贤德，岂论富与贫？君子淡若水，岁久情愈真；小人口如蜜，转眼如仇人。

14. 重修祠堂碑记[1]

祠堂之修也，建自明时先祖遇春、方春、富春等。自闯寇作乱，房屋损坏，老幼皆逃，先祖之堂，遂成狼狈矣。至余祖父式锦，每日目睹心伤，欲修而补之，因举维基、鸿韬、培锦等，积聚钱粮，以为修工之资。无如连年荒歉，户族贫寒，工卒未克修补。至临终之时，犹叮咛嘱咐，以成其事也。余心终不能忘，因与伯父泮生于乾隆六年夏四月，请合族人等议，举享庆、注生、浦生等以管修工，奎锦、清生、浞生、汶生、美生、泌生、作栋以缯钱粮。余一人朝夕以督，裹其工。建修堂殿五间，增补东西各五间，以及大门、便门，共费银钞百有余两。至七年冬十一月，厥工告成，合族欣然。遂勒石以志之，或上可遂祖之志于九泉也。庶乎后之子孙，各得于先人之□同，盖孝享于无穷。嗣后毁坏者急补，失祀者相咎，慎勿□先祖之志，并使后之未续者，后分三派以续之。然派虽分，而源则无分也。后之子孙其宜见合族如一家之亲，世世好之，无相尤也，以为吾族之慕乎！

皇清乾隆壬戌十一月吉日　庠生柳兴海撰

15. 关王庙重修碑记[2]

重修碑记

天下事，莫为之前，虽美弗彰；莫为之后，虽盛弗傅。吾村东南，古有关圣帝君庙，建置始末，靡得而考焉。

稽古□碑，大明嘉靖年间，余先祖后用天子三奉公旦，其堂弟我官公芳春者，重修建立□。人因时而代，物以易敝迁，风雨飘零，墙垣颓毁，每逢礼祀，目睹心戚。因逢领社首柳有主、柳霖、柳作官、□工柳生、柳得禄、柳甘霖、催管钱粮柳月桂、柳作庭、柳兰（像）[相]其事。众社首恐□粮难继，因出三台松，易玫拾余金。甲申年四月二十一日动土开工，重整根基，固砌墙垣，规模虽优□之，而宪□□□美□□第大。

皇清乾隆岁次丁亥孟冬吉旦

16. 柳春芳父母诰封碑[3]

奉天承运，皇帝制曰：宠绥国爵，式嘉阀阅之劳；蔚起门风，用表庭闱之训。尔柳月桂，乃捐职都司柳春芳之父，义方启后，谷似光前；积善在躬，树良型于弓冶；克家有子，拓令绪于韬钤。兹以尔子

1　镌刻于清乾隆七年(1742年)11月，现存于沁水县土沃乡西文兴村。土沃乡西文兴村人柳兴海撰文。
2　镌刻于清乾隆三十二年(1767年)，现存于西文兴村，碑额楷书"重修碑记"四字。
3　镌刻于清嘉庆六年(1801年)，现存于西文兴村。

克襄王事,赠尔为昭武都尉,锡之诰命。於戏!锡策府之徽章,承恩泽,荷天家之庥命,永贲泉垆。

制曰:怙恃同恩,人子勤思于将母;赳桓著绩,王朝锡类以荣亲。尔王氏,乃捐职都司柳春芳之母,七诫娴明,三迁勤笃。令仪不忒,早流珩瑶之声,慈教有成,果见于城之器。兹以尔子克襄王事,赠尔为恭人。於戏!锡龙纶而焕采,用答勋劳;被象服以承庥,永光泉壤。

诰　命
大清嘉庆六年十二月十三日
之　宝

17. 柳春芳祖父母诰封碑[1]

奉天承运,皇帝制曰:策励疆□,溯大父之恩勤;锡赍丝纶,表皇朝之沛泽。尔柳学周,乃捐职都司柳春芳之祖父,敬以持躬,忠能启后。威宣阃外,家传韬略之书,泽沛天边,国有旗常之举。兹以尔孙克襄王事,貤赠尔为昭武都尉,锡之诰命。於戏!我武维扬,持之孙枝之秀,赏延于世,益征遗绪之长。

制曰:树丰功于行阵,业祖闻孙;锡介福于庭帏,恩推大母。尔李氏,乃捐职都司柳春芳之祖母,壸仪足式,令问攸昭。振剑佩之家声,辉流奕世,播丝纶之国典,庆衍再传。兹以尔孙克襄王事,貤赠尔为恭人。於戏!翟茀用光,膺弘休于天阙;龙章载焕,锡大惠于重泉。

诰　命
大清嘉庆六年十二月十三日
之　宝

18. 皇清赠武略骑尉廷显柳公暨杨安人墓表[2]

□今惟至性之发皇,不容磨灭,亦惟至性之感应,度越恒流。历观贤人君子,非尽年登期颐,而虽死不朽,逾远弥存者,岂无故哉?世之衡人者,猥以夭寿分低昂,见亦浅矣。若廷显柳公可验焉。

公讳擢兰,明远公之长子也。生而颖异,□矢盹诚口,《孝经》、《小学》诸训,一言一动,即恪守无违尝曰:"孝者百行之源。欲报之德,昊天罔极,诗人所以兴歌也。"当就傅受书时,温靖定□,无少间焉。且善体亲志,有事服劳,报命时,恒得其欢慰。公有弟二,友爱甚笃,食则分甘,出则相伴,伯仲间怡怡如也。邻里闻之,□愈化而相好者屡矣。配杨氏,温惠淑慎,深得无攸遂,在中馈之道。惜也,天不假年,相继云亡。公弟圣和公,遵父命,以三子旭东承其祧。余尝闻其事,重其人,以为公虽未享遐龄,而声□□□,其□芳正未艾也。

嘉庆辛酉岁,公以子旭东遵例敕赠武略骑尉,杨太夫人敕赠安人。爰是圣和公欲勒石公茔,嘱余以墓表。余思孝子之后,必有孝子承之,悌弟之后,必有悌弟报之。以公生平所行,皆庸德,岂欲表异于人者?及其殁也,圣和公继嗣以子,旭东公即克以显扬焉。向非至性至情之地有大过人者,曷克享此荣宠哉?然则公之早亡,数也,公之获福,理也。数者,人所不能争,理者,天所不容易。嗟夫!观乎此者,孝弟之心,可以油然而生矣。遂之以铭。

---

[1] 镌刻于清嘉庆六年(1801年),现存于西文兴村。
[2] 镌刻于清嘉庆八年(1803年),现存于西文兴村,墓主人姓柳,名廷显,字擢兰。

铭曰：於戏！我公庸行庸德，一笑洒然，风流顿歇。为蓉城公，为玉楼客。天游其魂，地归其魄。牛眠冢高，云封穴兮。既固且安，是为永宅。

恩进士候选儒学教谕愚表孙沃泉郑琬顿首拜撰并书
嘉庆八年岁次癸亥仲秋上弦之吉

19.赠修职郎东合柳公暨孙孺人墓表[1]

公讳翰兰，号东阁，父明远公生三子，公为其仲。幼而谨惠，入塾未久，兄廷显公早逝，即改习农耒，戴蒲衣裲，不惮炙□，故足之苦。弟圣和公，客游于外。公独家居治田畴，不敢一日休，及他事务，皆身任之。盖谓谋生之道，互相资亦各为理耳，卒以获效。

按公生平，其事亲也，贵□依恋膝下，得啜菽饮水之欢。其及弟也，白首和乐，堂前无斗粟尺布之忤。其待族人以惠，而哀多益寡之不吝。其处乡人以和，而厉色谇语之无闻。其持家则俭约可风，不乐锦棚之设。其视侄则恩爱备至，雅慕庭芝之生。此公之为□，所可称道勿衰者，非生质之美，何以能此？则虽不事诵读，诅异于诵读所得哉！

原配孙孺人，驰赠八品孺人，婉婉淑模，先公□□□□□张兆。初，公艰于嗣，圣和公以次子茂源继之：入郡学，输军饷，议叙县丞。茂源事公孝，克尽子职，不啻所生。副室张氏，生子□□□□。生□梧杰。玄孙男三：长珍，次佩，三珺，过继旭东，俱茂源出。孙女一，捷元出。

公生于乾隆元年正月二十三日，卒于嘉庆六年九月初十日，寿六十有六。孺人生于乾隆元年正月十六日，卒于乾隆四十四年二月初九日。

公驰赠修职郎，光荣九泉，非公令德之报哉！爰述其行，而缀以铭。

铭曰：
人之所贵，朴而不华。
公守古道，勤俭传家。
闾里以式，德音不瑕。
贻厥孙子，衍庆靡涯。

岁进士例授修职佐郎吏部候选儒学训导愚表侄五柳李秉枋顿首撰并书
大清嘉庆八年岁次癸亥仲冬上弦之吉

20.河东柳氏传家遗训碑[2]

先人创业贻谋，莫非为子孙计也。为子孙者，若未能继继承承，不诚有愧先人哉？

嘉庆丁卯二月间，父身体违安，惟恐弗瘳，爰呼□家人等而告之曰："吾今六十八岁矣，辛苦一生，始有微赀，可谓艰难之至。尔□自当克勤克俭，以守基业。乃有不肖子弟，非嫖即赌，或各图自便，争分遗业，此等无耻之人，荡产破家，其祸犹小，败坏家声，其患甚大，当驱逐之毋贷。若弃□家法，混搅不去，无论为长为幼，务要鸣官究治，家不必溺爱。然子侄也，非仇仇也，给地二十亩，

1　镌刻于清嘉庆八年(1803年)，现存于西文兴村。墓主人姓柳，名廷显，字擢兰。

2　镌刻于清嘉庆八年(1803年)十一月，现存西文兴村。墓主人姓柳，名翰兰，号东阁。生于乾隆元年正月二十三日，卒于嘉庆六年九月初十日。

房一所，令其夫妇别居自度，俟其悔过迁善，仍招之，待以常礼。孟子曰：'教亦多术矣。'予不屑之教诲也者，是亦教诲之而已矣。尔等其共禀此意为。呜呼！我……"

21. 诰授昭武都尉貤赠中宪大夫圣和柳公墓表[1]

　　圣和柳公者，明远公第三子也，讳春芳，为人倜傥不群。幼时与诸昆仲伍，头角早崭然独异，识者已知承先启后，光大门间，他日将望之公也。游庠后，客齐、豫间，营鲑务，非以权利也，鱼盐亦贤豪奋迹之区，志在国家者，固将借以图进取耳。

　　嘉庆六年，陇右军需孔急，公慨然捐输。朝廷嘉其向义，授以职，貤赠其先世，已于显扬之责可告无憾矣。抑尤有难者，今夫世族产贤嗣，封翁恤穷民，求之近今，皆未易多观者也。惟我圣和公能于席丰履厚之时，怀思艰图易之念，治家有道，训子有方，宜乎琼枝玉树，遍植谢阶，子膺服命之荣，孙居簪缨之列，其殆古所谓有后弗弃基者欤？况乎积德者昌，理犹可据。

　　嘉庆十一年，大无秋，公出粟赈济村民，兼及邻村，沾惠者四百余家，众感泣，莫能忘，因悬匾树碑。此其阴德之广，天必有以报之，□定国门间，能无为公厚期也乎？配恭人王氏，公外游日多，恭人修理家务，井井就序。继配恭人宋氏，小心谨慎，赞助亦与有力焉。子四：长茂中；次茂源，出嗣二兄东阁公；三旭东，出嗣长兄延显公；四旭初。俱王恭人出。女一，适苏庄崔蓬莱，宋恭人出。孙，琳等六人。曾孙，承宪等六人。

　　余与公忝属姻戚，备悉其详，故为表厥生平，俾知夫柳氏之世泽孔长，历百代而绵延勿替者，皆公有以启之也夫！

丁丑科进士候补知县姻愚侄石交泰顿首拜撰
郡廪生姻愚侄窦鈊顿首拜书

22. 皇清例授昭武都尉圣和柳公暨配例封恭人宋王孺人合葬墓志铭[2]

赐进士出身江西新淦县知县署丰城县事甲子科同考前翰林院庶吉士加二级纪录二次姻再晚生窦心传顿首拜撰文
例授文林郎丁卯科举人候选知县眷晚生石交泰顿首书
恩进士候选儒学教谕愚表孙郑琬顿首拜篆

　　圣和柳公，沁邑望族也。余与公有葭莩谊，知之悉，仰之亦深。戊辰春，余造文兴村时，公捐馆已年余矣。建章公，公冢嗣也，持公行状，嘱余作志。余不能以不文辞，允之。迨返里，余即计北上补职，恐道里遥，雁信难猝达也，因书以应之。

　　按状，公讳春芳，圣和其字也。始祖琛，由翼城县迁邑之文兴村，以耕读为业，世世守之。至三世骙公，成化庚子领乡荐。六世遇春公，嘉靖丙午登贤，由通判升山东宁海知州，□补陕西同州知州。嗣后，书香相继，蛰声膠庠者蝉联不绝。

---

[1] 镌刻于清嘉庆十四年(1809年)。现存于西文兴村，墓主人姓柳，名春芳。清嘉庆二十二年(1817年)进士、候补知县、沁水县土沃人石交泰撰文。
[2] 镌刻于清嘉庆十四年(1809年)。墓志铭现存于西文兴村。墓主人名柳春芳，字圣和，生于乾隆四年二月初二日午时，卒于嘉庆十一年二月初八日，享寿六十八岁。原配王氏，继配宋氏。窦心传撰文，石交泰书丹。

公曾祖绾藩，祖学周，赠昭武都尉，父月桂，赠昭武都尉，皆以公之爵受恩荣焉。公昆玉三，擢兰居长，早亡，敕赠武略骑尉；次鬻兰公，敕赠修职郎。公行三，生而英异，自命不凡，就傅受书，博闻强识，读《滕王阁序》至"慕宗悫长风"，慨然有破万里浪之志。月桂公窥之，即命其应试以武。迨名列黉宫，公益加研炼不懈。月桂公恐屈其才，曰："见闻宜广，汝拘守乡曲，何益？家事汝兄任之，汝可博访师友，以图上进。"公顺其意，遨游中州，气宇轩昂，词令优直。尊官与贵人见者，莫不器之。时阿城请公运筹，公长材短驭，无往非游刃有余，以此谋无不遂，攸往咸利。月桂公终，公尽哀尽礼，不使有憾，为兄捐职，每归家，兄弟怡怡，毫无芥蒂。

迨遵例，公晋秩都司，封赠二代，里之人咸荣之。公位愈尊，志愈谦，持己待人，欤然蔼然。孰意天不假年，享寿六旬有八，于嘉庆十一年遂辞世耶！呜呼！公之一生，行谊卓荦，其事父也，生则先意承志，没则显声扬名，此岂仅用劳用力之孝耶？至于睦宗族，恤乡里，在乐□者无论矣。

甲子、乙丑，饥馑荐臻。公赈济不吝，下节彼五六村，至今人人颂德是验矣。公元配王孺人，桂□王公女，柔顺贞静，勤俭自持，敬翁姑，和妯娌，未获稍懈。公在外时多，无内顾之忧者，皆孺人之力也。惜先公卒，未获同享福泽耳。继配宋孺人，河南商丘县候选同公元宋公第七女，娴女训，识犬□，贵而能谋。《易》曰："主中馈，勿攸遂。"孺人有焉。亦先公卒。又继娶李孺人，河南商丘素模李公女，称未亡人，亦贤助云。公子四：长茂中，太学生，配李氏，继王氏，副室孙氏；次茂源，由庠生议叙县丞，出继鬻兰公，配李氏，继高氏；三旭东，捐职千总，出继擢兰公，配李氏，继李氏；四旭初，庠生，配张氏。孙十三：琳，贡生，璿、瑜、玠，茂中子，瑜，出继公胞侄捷元为嗣；璜，庠生，再佩、珺、瓒，茂源子，珺，出继公三子旭东为嗣；璋、瑞，旭东子，斑、珂、坤，旭初子。曾孙三：口弹、琳子、文弹、盈弹、璿子。公女一，适庠生含珠崔公次子。

公生于乾隆四年二月初二日午时，卒于嘉庆十一年二月初八日丑时。王孺人生于乾隆元年九月初九日，卒于乾隆四十年十二月二十六日。宋孺人生于乙酉年三月初二日，卒于乙卯五月十五日。兹合葬于后沟先茔之侧。爰为之铭曰：

才大者地不得而囿之，德厚者境何克以域之？行成名立，福履绥之，光前烈，利后嗣，子子孙孙，勿替引之。

孤哀子茂中　旭东
降服子茂源　旭初泣血勒石
皇清嘉庆十四年岁次己巳申冬月吉旦

23.重修文昌阁真武阁魁星阁碑记[1]

文昌阁旧址也，昔祀菩萨于上，后因破坏，于三台山庙修南殿，移像其中祀之。辛未岁，建真武阁、魁星阁，未经彩绘，已为勒石。

维时余居中州，恐魁星阁终毁，寄书命更新其规模，以祀文昌帝君。

壬申，余旋里。佥曰："此阁之建，有关文教，有神士风，而独捐赀以成之，不可不志。"余曰："无庸，但取木石之资、工匠之费开载之，足矣。"至真武、魁星二阁丹艧开光，碑碣未详。余补其不足者，并附于后，以昭示来兹云。

国学生柳茂中谨撰并书
嘉庆十七年岁次壬申冬月谷旦

---

[1] 镌刻于清嘉庆十七年(1812年)，现存于西文兴村，嵌于文昌阁内。

24. 秘诀碑记[1]

柳氏讳桧，旺公之子，幼聪慧，成稳练，人和心平。皇清嘉庆丙子，祠堂拜祖，得祖传秘诀，以拯民间疾苦。族训有言："内传勿外语，世代勿违之，单传勿复传，昆仲勿嫉子。授传子孙，□祖报本，世代继继绳绳，永无遗之。若遇不肖子孙，近报祠堂罚之，远报河东祖师除之。切切。"勒石铭记。

皇清嘉庆丙子七月十五日

25. 诰封中宪大夫建章柳公墓表

公姓柳氏，讳茂中，建章其字也，世为沁邑蒲泓东里人。祖父讳月桂，封昭武都尉。父讳春芳，军功议叙昭武都尉。公生而颖异，甫就傅，读《小学》、《孝经》诸书，一过辄了了。比稍长，端凝厚重，有老成人风。乡党相劝者，必举柳氏子为法。性孝友，事继母李太恭人，先意承志，未尝有一事忤颜色。昆仲之间，怡怡如也。余尝以事至公家，见其一堂肃穆，和气盎然，心窃艳之。比读窦长山太史为公所撰寿文云"每见公孝友状，归必述之子侄辈，使奉为典型"，乃叹斯言之贤，获我意也。初，公父圣和公，秉睢阳蹉政，兼办典务，以佐理乏人召公，公遂弃笔砚，游河洛间，游刃有余，料事多中，不数年间，而赀雄一邑矣。

圣和公知公之足以胜任也，内外事务一委诸公，已乃遨游南北。值川楚不靖，以军功授昭武都尉，旋遇覃恩，赠封祖及父如其官。固圣和公之德有以致之，为非公之长材大略，能分巨细，不及此。圣和公疾革，召公于榻前，爰命之以轻财重义，推己济人之事。公恪遵父命，不稍有违。

岁在癸亥，邑荒，余公以先人之命，□邑人□如□三年，盖全活者凡八村，而不可以人数计焉。又尝本先人之遗训，撰为传家牌记，大约以轻赀财、不析箸为要务，一时远近相传，有柳氏家范之目。呜呼！公亦不朽已夫！夫以公之才略，使其叨一第、效一官，凡古人所谓克施有政者，吾知其必无愧也，而顾淡于名也。虽然，淡于名者公之志，而名卒归之者，天之所以报公，亦公之所自为也。公冢子润斋，授郡司马加二级，貤赠公之父为中宪大夫，诰封公为中宪大夫。淡于名而卒莫逃夫名，轻乎利而实坐享其利，视世之终日营营而无所底止者，其为贤不肖何如也？公亦可以无憾矣。

公生于乾隆二十四年八月二十六日，卒于嘉庆二十五年十月十七日。德配李氏，封恭人、王氏、李氏皆先公卒。孙氏封宜人，举丈夫子四人：长琳，候补同知；次璿，封武德骑尉；三珅，太学生，出嗣公堂弟三台公；四玠，郡庠生。女一，适中村镇太学生刘向秦。孙男七人：黄甲，廪贡生，候补布政司经历；先甲，太学生；魁甲，候推守□所千总；第甲、舒甲，业儒；文甲、成甲，俱幼。曾孙三人。

余与公忝姻亲，且稔知公之为人，因略述梗概，俾揭于阡，使后之纂修邑乘者，有所考据焉。

赐进士出身敕授文林郎汾州府教授姻愚侄霍庆姚顿首拜撰并书

26. 魁星阁新建记[2]

天有三垣，列星七百八十有三，实柴以祀，与日月并。《祭》法曰："幽宗祭星。"统言之也。

---

1 镌刻于清嘉庆二十一年(1816年)，现存于西文兴村。
2 镌刻于清嘉庆年间，现存于西文兴村，窦心传撰文，柳旭东书丹。

《春官》曰："祀日中司命。"专言之也。而星之祭通于天下者，惟魁为。考北斗七星在紫微垣外，太微垣之北，一至四为魁，五至七为杓。《天官书》曰："斗为帝车，运于中央，临制四乡。"信乎光远有耀，照临无外哉！文兴村，沁南胜地也，由鹿台发源，迤逦十数里，而山势蟠结，九冈西绕，三台东护，东南尖山远拱，正当文明之方，堪舆家争称之，以为文人代兴者，实由于此。余不习青乌术，然至其地，远眺近瞩，而峰峦之回环，溪涧之曲抱，天然凑合，高下咸宜，无不历历可识焉。第其时文庙功成，而魁星阁未建。建章公曰："村之东南，地势渐下，将欲修一阁以补之，祀魁星神，但未能一蹴起耳。"余曰："文庙之外，必有魁阁，公所计诚善。"别后，余因补职赴吏部候铨，寄居京邸。建章公遣使走书云："今岁建阁，工资皆会众捐之募之，集十余年而获者尚有未给，自补足之。真武合既有以志之矣，魁星阁乞一言以垂久速。"余嘉建章公昆季之崇祀典也，重文教也，而且有志斯成，乐善不吝也，不容不志。抑又思之，古之显大名、享厚实者，必有过人之学与行，而后积厚流光，感通无间。自今以往，父诏其子，兄勉其弟，当入学□筐之初，立铁砚磨穿之志，淡嗜好，祛纷华，下董子之帷，立程门之雪，曹氏仓任其携取，邺侯架大其搜罗，肴饫百家，笙簧六籍，行见才倚天而伏地，思泻水而涌泉。鹗荐三秋，鹏飞万里，龙门之变化在瞬息，雁塔之声名著千秋，岂仅怀音泮林，蜚声黉序，遂毕其荣哉！不然者，第曰享祀丰洁，神必据我，先天之因材而笃之意，则余不敢谀也。于是书以为有志青云者劝。

赐进士出身前翰林院庶吉士改授新淦县知县甲子科同考试官署丰城县知县事实心传熏沐谨撰
敕授武略骑尉营千总柳旭东熏沐谨书

27. 柳氏家训碑[1]

家道之衰旺，惟视一家之人马何如耳，未有和乐而祯祥不来者，亦未有乖戾而祸殃不应者。此事有必至，理有固然也。吾家数年以来，疏于料理，日费益繁，又兼生意赔累，银票赔数，以致浮记长支，家中使用尽属本金，通盘计算，已将阳、沁四典本金，耗至十无二三。言念及此，甚为寒心。想吾父兄，数十年备尝辛苦，留此基业，若不能保守，不惟生无以对亲友，即死有何颜面见先人于地下乎！且吾父兄言犹在耳，教子孙世世同居，生意、房产永不许瓜分。今吾为尔等指拨，不孝不弟，罪莫大焉！尔等未能勤俭持家，和顺聚处，亦是我无家训，而叙又何辞！无奈将商邱二典本金，每份拨给钱伍千串，而兄弟十三人，虽系三支，皆是先祖一脉。黄甲乃长子长孙，定照十四份分拨。每年粮食不拘老幼，仍按口均派。所有穿着日用等费，娶嫁衣服首饰，皆各自备办。公中遇娶妇者，只备水礼、聘金；嫁女者，嫁妆全副。尔等量入为出，各自勉力，或更赢余，亦未可定。尔八婶母系孀居，公中每年给钱五拾串，令其穿着零使。至于商邱生意，年终得利，照本分拨入账，俟三年结算时有余者，收本本金。长使者本内扣除。断不得乱搅提本，卒为不可训之子孙也。

尔等果能义气不衰，自然家道昌隆；若戾气不解，必有殃随。总不要信妻子之言，即结为死怨，将一本之爱，蘧视为市井交易之人，是所切诫焉！嗟乎！男子之刚肠，能不为妇人所惑者有几人耶？再，尔等有能料理生意者，每年薪金一百两。长使者拨入伊账。不遵家规，即为不孝，戒之勉之！能不负先祖一场苦心，乃可为承先启后之人也已。

道光四年岁次甲申夏五月
孝廉方正柳茂源叙

---

[1] 镌刻于清道光四年(1824年)，现存于西文兴村，碑文由西文兴村人柳茂源撰文。

28. 重修庙宇募缘碑叙[1]

神之在天下，犹水之行地中也。掘井得泉，而曰"水仅在是"不可。掘井不泉，而曰"水不在是"，尤不可。故神之祠遍天下，神之灵亦遍天下，而惟关圣帝君，则于吾乡称桑梓焉。比来祀神者众，求所谓"斋明盛服，以承祭祀"者几不多见。然而天下人凛然于帝君之灵，与一乡人之凛然如出一辙者，何哉？盖以其为忠臣，为孝子，为悌弟，为良友也。

吾乡旧有关帝庙，不知创自何时。考之石碣，前明嘉靖年间庙敝，先达同州牧三峰公为修复。迨至国朝乾隆甲申旋敝，里中又按神分均输加缮治正。上下垂数十年，而风飘雨淋，檐倾墙侧，见者莫不危之。四月间，西廊房果塌。同社诸君又复捐赀，并按神分均输，葺而新之。

然新旧未能如一，诸君将欲宏帝君之庙貌，壮村落之观瞻。旋于工程浩大。所费不赀，而重委其任于余，余老矣，无能为役矣。

第自忆嘉庆辛未岁，先兄中宪大失建章公，创修魁星阁、真武阁、文昌阁。甫竣工，即曰："村落之庙，不久必敝，拟捐赀以增修之。"惜未及为而没耳。今余赞同社之末，议欲姑俟将来，则恐无以成先兄之志；欲追成兄志，则又虑私财之不逮。是以遣兄子璇暨余子瑛、从侄珆、侄孙黄甲等各持一簿，走恳仁人君子，慨赐千镪。念为山之始篑，庶集腋以成裘，异日者寿之贞珉，传之奕礼，功德正无量也。

夫帝君神威远震，祷祀获福，理所固然，而况乎人伦之至，能使天下皆为忠臣，为孝子，为悌弟，为良友，当又胜于祷祀获福者万倍也。岂仅曰神之祠遍天下，灵遍天下哉！

道光甲午科十月孝廉方正柳茂源谨撰

今将施财姓名次其远近而开列之：柳璿募银七十四两钱三十八千文

鹿邑当行　柘城当行　商邱启泰兴行　湘湖商行　虞城元古典　苏州丝绸行　奉天商行　鹿邑盐店　亿顺盐店　洪兴铁号　济泰铁号　千元号　居忍茶行　义成典　盥裕典　魁聚典　旸成衣典　兴拳德典　义成矿号　同心畅典　兴和典　恒昌典　广盛典　广泰号　卢州典　恒源典　润泰油行　遂源衣店　天锡衣店　同义号　聚液号　聚义驿站　兴盛号　交泰号　永盛油行　裕成米行　泰成号　黄甲庄　阳城万丰典　瑞路隆典　口泰典　公慎典　天福盐店　恒源盐店　达盛方炉

皇清道光甲午冬十日

孝廉方正柳茂源谨撰

皇清道光三十年庚戌孟冬合社立石

29. 文昌帝君谕训碣[2]

帝君曰：吾一十七世为士大夫身，未尝虐民酷吏，救人之难，济人之急，悯人之孤，容人之过，广行阴骘，上格苍穹，人能如我存心，天必赐汝以福。于是训于人曰：

昔于公治狱，大兴驷马之门；窦氏济人，高折五枝之桂。救蚁中状元之选，埋蛇享宰相之荣。欲广福田，须凭心地，行时时之方便，作种种之阴功。利物利人，修善修福。正直代天行化，慈祥为国救民，忠主孝亲，敬兄信友。或奉真朝斗，或拜佛念经。极答四恩，广行三教。济急如济涸辙之鱼，救危如救密罗之雀。矜孤恤寡，敬老怜贫，措衣食周道路之饥寒，施棺椁免尸骨之暴露。家富提携亲

---

[1] 镌刻于清道光三十年(1850年)十月，现存于西文兴村关帝庙，碑文由西文兴村人柳茂源撰文。
[2] 镌刻于清代，现存于西文兴村，嵌于文昌阁上。

戚，岁饥赈济邻朋。斗秤须要公平，不可轻出重入；奴仆待之宽恕，岂宜备责苛求。印造经文，创修寺院，舍药材以拯疾苦，施茶水以解渴烦。或买物而放生，或持斋而戒杀。举步常看虫蚁，禁火莫烧山林。点夜灯以照人行，造河船以济人渡。勿登山而网禽鸟，勿临水而毒鱼虾，勿宰耕牛。勿弃字纸，勿谋人之财产，勿妒人之技能，勿淫人之妻女，勿唆人之争讼，勿坏人之名利，勿破人之婚姻。勿因私职，使人兄弟不和，勿因小利，使人父子不睦；勿倚权势，而辱善良，勿恃富豪，而欺穷困。善人则亲近之，助德行于身心，恶人则远避之，杜灾殃于眉睫。常须隐恶扬善，不可口是心非。剪碍道之荆榛，除当途之瓦石。修数百年崎岖之道，造千万人来往之桥。垂训以格人非，捐资以成人美。作事须循天理，出言要顺人心。见先哲于羹墙，慎独知于衾影。诸恶莫作，聚善奉行，永无恶曜如临，常有吉神拥护。近报则在自己，远报则在儿孙。百福骈臻，千祥云集，岂不从阴骘中得来者哉！

鹿阳郑观洛锡范敬书

30. 重修文昌合文庙碑记[1]

　　西文兴村，在县治西南三十里，鹿台山之阳，山水环抱，人民乐业，亦沁水胜地也。村南旧有文庙暨文昌阁。考村中当练民殷富时，笾豆器数悉依盛朝之制。春秋祀期，往往邑侯下临，或遣学官为代表，率四乡士子习礼讲学于其中，渐摩以诗、书、礼、乐之化，故当时科举联翩，民俗亦为之敦厚。自前清道光年间，殿宇倾圮，呈请移此圣木主于县城文庙。嗣后父老子弟不复睹衣冠文物之盛，习礼讲学之风遂以中辍，而文风亦因之不振。迄今百有余年，抚遗址而怀旧迹，不能无今昔之感。始至民国元年，国家厉行教育，令各村普设学校。维时社首柳君青峨、青枝、启盛，拟规复旧观，为学校久远之计，爰集社众商议，将文昌阁暨各校室次第修葺，佥以为然。公推郝君毓生、柳君增仁为经理，柳君庆云、士璋督厥工，计筹款一百八十余缗。□工程浩大，需费不赀。自是年夏五月，庀材鸠工，越两月，文昌阁工程完竣，而资已告罄，民力不继。社中诸君爰设法陆积筹捐，以竟厥功。积数年之久，共募得三百八十余缗，村民无竭蹶之苦，而兴修学校不至患无米之炊。嗣于九年七月接续兴工，十月中旬落成。凡三越月，增修南房五间，屋下券窑二孔，东房五间，西厢两间，天门楼一座，以之设立学校，教室、斋舍灿然可观。并附设洗心分社暨宣讲所。不特莘莘学子肆业其中，即一般人民聆听讲演者，亦可渐知仁义道德之旨、世界潮流之趋向。改良风俗，增进知识，胥于是赖，而英伟奇特之士，得因时而杰出其中。是不惟修废举坠，当诸人之荣幸，而地方民俗日进于文明，即协力赞助诸君子，实因之更有荣幸焉尔。谨序。

清庚寅进士前任四川通江县知县邑人张文焕敬撰
邑增生尉敛元敬书
中华民国拾年辛酉桃月吉旦

31. 劝孝[2]

　　孝为百行首，诗书不胜录。宝贵与贫贱，俱可追芳躅。若不尽孝道，何以分人畜。百骸未成人，十月怀母腹。渴饮母之血，饥吮母之肉。儿身将欲生，母身如在狱。父为母含悲，妻对夫啼哭。惟恐生产时，身为鬼眷属。一旦见儿面，母命喜在续。自是慈母心，日夜勤抚鞠。母卧湿簟席，儿眠干被

1　镌刻于中华民国10年(1921年)，现存于西文兴村。
2　镌刻于2003年，现存于沁水县土沃乡西文兴村。

褥。儿睡正安稳，母不敢伸缩。儿秽不嫌臭，儿病甘身赎。横簪与倒冠，何暇思沐浴？儿若能步履，举步虑颠复。儿若能饮食，省口资所欲。乳哺经三年，血汗计几斛。劬劳辛苦尽，年将十五六。气性渐刚强，行止难拘束。衣食父经营，礼义父教育。专望子成人，延师果诵读。慧敏恐疲劳，愚惫忧碌碌。有过常掩护，有善先表慕。子出未归来，倚门继以烛。儿行十里程，亲心千里逐。儿长欲成婚，为访闺中淑。媒妁费金钱，钗钏捐布粟。一日媳入门，孝思遂衰薄。父母面如土，妻子颜如玉。亲责反睁眸，妻詈不为辱。母披旧衣衫，妻着新罗谷。父母或鳏寡，长夜守孤独。健则与一饭，病则与一粥。弃置在空房，犹如客寄宿。衣服或单寒，衾枕失湿燠。风烛忽垂危，兄弟分财谷。不思创业艰，惟道遗资薄。忘却本与源，不念风与木。蒸尝亦虚文，宅兆何时卜。人不孝其亲，不如禽与畜。慈乌尚反哺，羔羊犹跪足。人不孝其亲，不如草与木。孝竹体寒暑，慈枝顾本木。劝尔为人子，经书勤诵读。王祥卧寒冰，孟宗哭苦竹。蔡顺舍桑椹，贼为奉母粟。杨香拯父危，虎不敢肆毒。伯俞常泣杖，仲平身自鬻。郭巨埋生儿，丁兰悲刻木。父母即天地，罔极难报复。亲恩说不尽，略举粗与俗。闻歌憬然悟，省得悲义蓼。勿以不孝首，枉戴人间屋。勿以不孝身，枉着人间服。勿以不孝口，枉食天五谷。天地虽广大，不容忤逆族。及早悔前非，莫待天诛戮。

岁在癸未杏春　苏氏涛然书之

32.庄田山场补修记[1]

　　吾祠堂之修也，考旧碑，建于明时。皇明嘉靖年间，六世祖柳逢春，生性刚直，抱经纬之才，怀平治之术，凛乎有豪杰之风焉。资产充足，产业阔大。始亲置南山、东川山场、庄田，荒熟阡陌，置其广阔。年至六旬，身乏子嗣，无人照管，因而充公于祠堂，传流子孙收租，每年三坛之期所需用，诚敬莫祭。

　　及至皇清光绪年间，大遭饥馑，子孙皆不能谋其生、保其身，况□□□，焉能建立？斯年腐烂不堪。东川地大半典捆，当时如蜩螗沸羹，千钧一发。虽然，祭祀尚未停止，较前甚差矣。斯种状态大约二十余年矣。

　　民国成立，子孙耕读发达，世事潮流开通，愈渐文明。迨至于辛酉年间，发清、水洲、耀堂、长荣、锦堂、庆云、增仁等勤恳努力，及时经理，提倡恢复，整理会事，前不忘祖先创业基础之辛苦，后遗子孙三坛之诚祭。因而抽赎废业补修工程，又将奠祭所用家俱什物，笾、豆、磬置其充足。夫先祖之制固当遵也，余之恢复固当守也，亦不可变也，遵者右侧，守者遗流子孙□钦！谨序。

东川山场、庄田名额四至列左：
鸡笼山山场一处，东至燕家岭交界，西至油房圪梁边界，南至胡树疙瘩分水岭，北至沟。
油房圪梁埯底熟地一处，其地南北畛，东至道，西、南、北三至河。又搭地棚、厕坑一应在内。
又搭三角荒熟地一处，东至陈姓，西至河，南至沟，北至李姓。
又搭榛树坡，并刀把上荒熟地两处，各地边界四至以古迹。
水洞渠庄田一分，东至背后沟河，西至分水岭，南至杏树圪土劳交界，北至分水岭。
杏树圪土劳庄田一分，东至榛树坡刀把，西至分水岭，南至小水沟，北至水洞渠交界。
又搭红沙圪梁荒熟地一处，四至以古迹。

---

1 镌刻于中华民国20年(1931年)春。现存于沁水县土沃乡西文兴村。柳士渝、柳廷芳撰文，柳□□书丹。

又搭水晶背山场一处，四至以古迹。

八亩土戈地一处，其地南北畛，四至以古迹。

六亩土戈一虑，其地东西畛，四至以古迹。

小圪土劳地一处，四至以古迹。

本村后沟下地拾亩，四至以古迹。

祠堂门口厕所一所。

辛酉县立第二高级小校毕业　前任教员　现任上沃泉村副　十八世孙柳士渝　乙丑县立第三高级小校毕业　前任教员　现任上沃泉公断员　十八世孙柳廷芳薰沐撰文

丁卯县立第三高级小校毕业学生　现任初级教员　十七世孙柳□□薰沐书丹

修照壁补两廊山墙

岁中华民国辛未年春月下旬继志堂合仝勒石

33.文昌帝君圣训[1]

一戒淫行：未见不可思，当见不可乱，既见不可忆。于处女、寡妇尤宜慎。

二戒意恶：勿藏险心，勿动妄念，勿记仇不释，勿见利而谋，勿见才而嫉。貌慈心狠者尤宜慎。

三戒口过：勿谈闺闱，勿许阴私，勿扬人短，勿设雌黄，勿造歌谣，勿毁圣贤。于尊亲亡者尤宜慎。

四戒旷功：勿早眠迟起，勿舍己耘人，勿为财奔驰，勿学为无益。身在心驰者尤宜慎。

五戒废字：勿以旧书裹物糊窗，勿以废文烧茶抹桌，勿涂抹好书，勿滥写门壁，勿嚼草稿，勿掷文尾。于涂间秽中尤宜慎。

六敦人伦：父子主恩，尤当喻之以义；君臣主敬，尤当引之以道；兄弟相爱，尤当勉之以正；朋友有信，心当劝以有成，夫妇相和，尤当敬而有别。

七净心地：玩古训以惩心，坐静室以收心，寡酒色以清心，却私欲以养心，尤当悟至理以明心。

八立人品：敏事慎言，志高身下，胆大心小，救今从古，弃邪归正，思君子九思，畏圣人之三畏，尤当恤人言。

九慎交游：终始不怠，内外如一，贵贱不二，生死不异，功过相规，化夷惠而师仲尼，绝奸狂而交中正，尤当立身为万世友。

十广教化：遇上等人说性理，遇平等人说因果，多刻善书，多讲善行，尤当攻邪崇正以卫我道。

癸未年孟春杏月　方山人王江水书

34.文昌帝君惜字真诠[2]

下笔有关人性命者，此字当惜；下笔有关人名节者，此字当惜；下笔有关人功名者，此字当惜；下笔属人闺闱阴私及离婚者，此字当惜；下笔离间骨肉者，此字当惜；下笔谋人自肥、倾人自活者，此字当惜；下笔浚高年欺幼弱者，此字当惜；下笔挟私怀隙故卖直道毁人成谋者，此字当惜；下笔唆

1　镌刻于2003年。现存于沁水县土沃乡西文兴村。沁水县方山人王江水书。

2　镌刻于2003年。现存于沁水县土沃乡西文兴村。张林书。

人构怨代人架词者,此字当惜,下笔恣意颠倒是非使人含冤者,此字当惜,下笔喜作淫词艳曲兼以书礼讥诮他人者,此字当惜,下笔刺人忌讳终身饮恨者,此字当惜。

癸来年初夏　巍山居士墨音齐主人张林书

35.玄天上帝劝世格言[1]

　　矫妄求荣,名誉不扬;克剥致富,子孙遗殃。行恩布德,福禄来祥,寡欲薄味,寿命弥长。毋欺暗室,毋昧三光,正直无私,赤心忠良。天地介社,神明卫旁,延生度厄,必济时康。附格言四则。父母生子,必待二三十岁,子能成家自立,手挣钱财,身当贵显,极早亦必待二三十岁。然者为人父母,等得子能养时,极好亦是五六十岁矣。譬如持短烛,行远路,奔趋投店尚恐不及,况敢逍遥中道哉?为人子者拥妻抱子,饱食安眠,岂知堂上发白齿落之人又复过去一日耶?妻子之年方少,享用之日正长,而生身父母一去不复,上天下地求觅无门,言念及此,能无怵乎?法昭禅师诗灵:"同气连枝各自荣,些些言语莫伤情,一回相见一回老,能得几时为弟兄?"词意盹然,足以启人友于之爱。尝谓天伦聚合,惟兄弟相处日最长,父之生子,妻之配夫,其早者皆以二十岁为率,惟兄弟或一二年,或三四年相继而生,自竹马游戏以至怡背鹤发,其相与周施多者至七八十岁之久,若恩意浃洽,猜嫌不生,其乐岂有涯哉?家道之衰旺,惟视其一家之人以下吉凶。未有和气萃焉,而其家不昌隆者。若昌隆之家将衰,必先有戾气凝结不解,而非意之殃随之。吾尝历验,而信其然矣,岂必术士之占测哉!父子兄弟之间,不论施报,各务自尽其心,严禁婢妾,不许传递言语。其妻室有言虽或中情,亦不可听。人之性情,或柔或刚,或谨守或豪纵,喜安静或喜纷更,临事之际,一是一非自然不同,惟各随所宜,不因我是,求其必合,岂复争执?即或有偏虑,不忍旁视,只宜平心和气,婉转劝导,如此而不睦者,未之有也。又骨肉失欢,有本至微而终不可解者,止由失欢之后,各自负气,不肯相下故耳。若有能先下气,与之趋事,与之语言,则彼此酬复,岂不渐如乎时?

癸未年春日　刘慧君书

36.朱子治家格言[2]

　　黎明即起,洒扫庭除,要内外整洁,既昏便息,关锁门户,必亲自检点。一粥一饭,当思来处不易,半丝半缕,恒念物力维艰。宜未雨而绸缪,毋临渴而掘井。自奉必须俭约,宴客切勿留连。器具质而洁,瓦缶胜金玉,饮食约而精,园蔬愈珍馐。勿营华屋,勿谋良田。三姑六婆,实淫盗之媒;婢美妾娇,非闰房之福。奴仆勿用俊美,妻妾切忌艳妆。祖宗虽远,祭祀不可不诚,子孙虽愚,经书不可不读。居身务期质朴,教子要有义方。勿贪意外之财,勿饮过量之酒。与肩挑贸易,毋占便宜;见贫苦亲邻,须多温恤。刻薄成家,理无久享;伦常乖舛,立见消亡。兄弟叔侄,须分多润寡,长幼内外,宜法肃辞严。听妇言,乖骨肉,岂是丈夫?重资财,薄父母,不成人子。嫁女择佳婿,毋索重聘;娶媳求淑女,勿计厚奁。见富贵而生诌容者,最可耻,遇贫穷而作骄态者,贱莫甚。居家戒争讼,讼者终凶;处世戒多言,言多必失。毋恃势力而凌逼孤寡,勿贪口腹而恣杀生禽。乖僻自是,悔误必多;颓惰自甘,家道难成。狎昵恶少,久必受其累;屈自老成,急则可相依。轻听发言,安知非

1　镌刻于2003年。现存于沁水县土沃乡西文兴村。沁水县人刘慧君书。
2　镌刻于2003年。现存于沁水县土沃乡西文兴村。沁水县人苏张林书。

人谱诉？当忍耐三思；闲事相争，安知非我之不是？须平心暗想。施惠勿念，受恩莫忘。凡事当留余地，得意不宜再往。人有喜庆，不可生妒忌之心，人有祸患，不可生喜幸心。善欲人见，不是真善，恶恐人知，便是大恶。见色而起淫心，极在妻女，匿怨而用暗箭，祸延子孙。家门和顺，虽饔飧不继，亦有余欢；国课早完，即囊橐无余。自得自乐。读书志在圣贤，为官心存君国。守分安命，顺时听天。为人若此，庶乎近焉。

癸未年　苏张林书

37. 关帝圣君觉世真经[1]

　　敬天地，礼神明。奉祖先，孝双亲。守王法，重师尊。爱兄弟，信朋友。睦宗族，和乡邻。别夫妇，教子孙。时行方便，广积阴功。救难济急，恤孤怜贫。创修庙宇，印造经文。舍药施茶，戒杀放生。造桥修路，矜寡拔困。重粟惜福，排难解纷。捐资成美，垂训教人。冤仇解释，斗秤公平。亲近有德，远避凶人。隐恶扬善，利物救民。回心向道，改过自新。满腔仁慈，恶念不存，一切善事，信心奉行。人虽不见，神已早闻，加福增寿，添子益孙，灾消病减，祸患不侵，人物咸宁，吉星照临。若存恶心，不行善事：淫人妻女，破人婚姻，坏人名节，妒人技能，谋人财产，唆人争讼，损人利己，肥家润身，恨天怨地，骂雨呵风，谤圣毁贤，灭像欺神，宰杀牛犬，秽溺字纸，恃势辱善，倚富压贫，离人骨肉，间人兄弟；不信正道，奸道邪淫，好尚奢华，不重勤俭；轻弃五谷，不报有恩，瞒心昧己，大斗小称，假立邪教，引诱愚人，诡说升天，剑物行淫，明瞒暗骗，横言曲语，白日咒诅，背地谋害，不存天理，不顺人心；不信报应，引人作恶；不修片善，行诸恶事，官词口舌，水火盗贼，恶毒瘟疫，生败产蠢，杀身亡家，男盗女淫，近报在身，远报子孙，神明鉴察，毫发不紊。善恶两途，祸福攸分。行善福报，作恶祸临，我作斯语，愿人奉行。言虽浅近，大益身心；毁侮吾言，斩首分形。有能持诵，消凶聚庆，求子得子，求寿得寿，富贵功名，皆能有成，凡有所祈，如意而获，万祸雪消，千祥云集。诸如此福，惟善可致。吾本无私，惟有善人。众善奉行，毋怠厥志。

岁在癸未年孟春　檀山居士刘晋卿书

38. 戒赌十条[2]

　　赌之害人甚于水火盗贼，无不破产倾家。乃官府示禁而不能止，父兄约束而不肯听，执迷不悟，甚为可悯。请再情理劝之，愿知非改过者及早回头，莫终沉沦也。一、坏心术。一入赌场，遂或利数，百计打算，总是一片贪心。两相倾危，转生无穷恶念。虽至亲对局，必暗设戈矛，即好友同场，亦俨如仇敌。只顾自己赢钱，哪管他人破产，心术岂不大坏？二、丧品行。凡人良贱高下，各自不同，赌博场中只问钱少钱多，哪计谁贵谁贱？坐无伦次，厮役即是友朋；分无尊卑，奴仆居然兄弟。任情嘲笑，信口称呼，有何体统，成何品行？三、伤性命。赢了乘舆而往，不分昼夜，输了拼命再来，哪计饥寒？从此耗精糜神，必致损身丧命。更或负债难偿，相对无面，含羞忍忿，遂致多病相牵，计屈势穷，且拼一死塞责。枉死城之去路，即赌博场之归着也，岂不可伤？四、玷祖宗。送了人的铜钱，还笑浪子发呆，破了你的家产，转欢痴儿作孽。不能光宗耀祖，反至辱门败户，乡党皆归咎

1　镌刻于2003年。现存于沁水县土沃乡西文兴村。
2　镌刻于2003年。现存于沁水县土沃乡西文兴村。沁水县东峪人原高升书。

其先人，祖父必含恨于死后。五、失家教。赌博一事，引诱最易，家庭之内，见闻极杂，寻常教训子弟，都说须学好榜样，当场窥看父兄，其云愿照现规模？父子博，兄弟博，奴仆博，耍戏法。何家法？白日赌，深夜赌，密室赌，牌风且酿淫风，家教大坏，可为寒心。六、伤家产。始而气豪，则挥金如土，终而情急，则弃产如遗，祖父一生辛苦，仅立门户，子孙片时挥霍，遂败家声。衣裳典尽止留身，亲朋谁借？田宅鬻完犹负债，天涯何归？想到此间，岂不可怜。七、生事变。通宵出赌，彻夜开场。门户不关，盗贼每多乘间，灯烛不息，室户犹致被焚。甚至浪子鬻绿而生计，匪人窥伺以为奸。灭火敲门，主宾莫辨，绝缨解袜，男女□闲。祸机所伏，不可不虑。八、离骨肉。士农工商，各勤职业，父母妻子，互相欢娱，天伦之乐，亦人事之常。自入赌场，遂沉苦海，典质钗钏，妻子吞声而饮恨，变卖田宅，父母蒿目而揽眉。只计一人豪爽，不思举室怨嗟，抚心自问，其何以安？九、犯国法。赌博之禁，新例最严，轻则杖一百，枷两月，害切肌庸，重徒三年，流三千，长别乡井。神士照例革斥，成何面目？衙役加倍发落，须顾身家。与其事后而悔，何如事先而戒？十、遭天谴。历看开赌之家，每多横祸，赢钱之辈，偏至奇穷。总由噬人血肉，饱我腹肠，敛彼怨愁，供我欢笑，所以鬼神怀念，报复不肯稍宽。天道好坏，彼此同归于尽也。通场看来，更有何益？

癸未仲春　东峪原高升书

39.居官刑戒八章[1]

凡居官乘权纵势，易于虐下，故其一曰五不打。老不打，怜其血气衰，幼不打，怜其血气未全，病不打，怜其血气未平，衣食不继者不打，怜其无人将养，人打我不打，恐再加刑致死。二曰五莫轻打。宗室莫轻打，系出天潢，岂宜轻责？官莫轻打，一命之微，亦列仕轻籍，有过细审不可责。生员莫轻打，斯文一脉，关系风化，且鱼龙变化，莫可测识。上司差人莫轻打，敬主，即使有过，当申明处分。妇人莫轻打，耻辱关其终身，名节千于性命。三曰五勿就打。人急勿就打，彼方急迫，打则速死。人怂勿就打，怂气伤人，易于殒命。人醉勿就打，醉者无知，可以情恕。人随行远路勿就打，行途辛苦，又无将息。人跑来喘急勿就打，远行喘急，六脉奔腾，用刑则血泣攻心致死。四曰五且缓打。我怒且缓打。盛怒之时刑必过，当待我气平，徐加责问。我醉且缓打，酒醉心昏，恐刑失当。我病且缓打，病时多怒，刑恐不平。我见不真且缓打，事未确审，不可骤刑。我不能处分且缓打，遇事难处，必虑其终，骤然加刑，后必致悔。五曰三莫又打。已拶莫又打，受拶之人，血方奔心，又复用刑，心慌血人，必致殒命。已夹莫又打，夹棍极刑，人所难受，又加刑责，多致于死。要枷莫又打，先打后枷，疮溃难治，待放枷时，责亦未晚。六曰三怜不打。严寒酷暑时怜不打，顺天之时恤民之命。佳晨令节怜不打，同人之乐。人方伤心怜不打，悯人之苦。七曰四应打不打。尊长该打，为与卑幼讼不打，明伦理也。百姓该打，为与衙役讼不打，不庇私也。工役铺行该打，为修私衙或买办自用物不打，不为己也。奸妇该打，因有孕不打，打则伤胎，关系两命。八曰三禁打。禁重杖，打重杖伤人，宜酌用轻者。禁从下打，皂隶求索不遂，勿重打腿弯，或受私托打在一块，多致人死，贫人何辜受此冤抑。禁佐贰官非刑打，佐贰奉官趋势，替人拷打出气，百姓定然受害。以上八条，愿居官者慎之念之，以重天民。南皋邹公曾将此戒刻石刑部。人言刑官无后，诚守此戒，我知其后心昌也。

癸未年春日定都人谭龙政书

1　镌刻于2003年。现存于沁水县土沃乡西文兴村。沁水县定都人谭龙政书。碑文中"名节千于性命"，"千"当作"干"，"我知其后心昌也"，"心"当作"必"。

40. 柳氏宗亲捐资碑记[1]

天下柳氏出河东，河东柳氏一家亲。

当二零零四年二月十四，北京华夏柳氏恳亲暨柳宗元文化研讨会新闻发布会喜讯传来，河东柳氏后裔欢心鼓舞，奔走相告。接着由西文兴柳氏后裔柳栓柱、柳迎明、柳惠森等倡导，在阳城召开了阳城县柳氏代表联谊会，随后又在沁水、太谷、永济、翼城分别召开了相应会议。为迎接九月份全国两会在柳氏民居胜利召开，柳氏后裔一致提倡，在甲申年清明佳节进行一次山西柳氏宗亲联谊暨宗亲祭祖盛会，柳氏宗亲鉴于此情，大善解囊，尽力相助，有山西二十余个村柳府宗亲向西文兴柳氏宗祠自愿捐款三万玖仟伍佰壹拾元。特感谢柳氏民居开发商孙聚才先生为柳氏宗祠赞助三仟元整。为表彰宗亲，名扬千秋，勒石如下：

二十个村个人一百五十四户，集体三户，捐资三万柒仟陆佰壹拾元，供品收款壹仟捌佰元，功德箱收款贰佰元，总计三万玖仟陆佰壹拾元。西文兴四十户，壹万三仟陆佰壹拾元，胡村六户，柒仟伍佰元；岭东五户，贰仟肆佰壹拾元；北沟九户和集体，壹仟三佰伍拾元，东文兴十六户，贰仟三佰元；柳家河七户，壹仟伍佰元；南关十三户，壹仟三佰元；石窑四户，壹仟参佰伍拾元；南绛六户，壹仟壹佰元；南沃泉十三户，捌佰伍拾元；西文兴宗亲集体十三户，捌佰元；胡家沟五户和集体，柒佰伍拾元；下格碑三户，柒佰元；柳家湾四户，肆佰元；王曲三户，贰佰元；沁水县城二户，贰佰元；北关二户，壹佰伍拾元。阳城县城一户，壹佰元。芦坡一户壹佰元。崔凹一户壹佰元。以往捐款的二户：柳荫廷壹仟元（临汾），柳廷春贰佰元（云南）。

41. 重建宗祠碑记[2]

吾祠始建明嘉靖，先祖遇春、方春、富春等人，明末因闯寇作乱，连年荒灾，户族贫寒，房屋损坏，老幼皆逃。先祖之堂，遂成狼狈矣，先祖每日目睹心伤，欲修而补之，后经合族商议，分二派续之，然派虽分而原则未分也。直至乾隆六年夏四月，名门推举先人，积聚钱粮，破土动工，重建祠堂，历经一年多时间，分别建成了继志堂、五福堂、承继堂三处祠堂。厥工告成，合族欣然，勒石记志，世代永记，并按祠堂仪式准时祭典。一九四六年，唯一的继志堂被沁水民办二高占用，拆毁了供桌和牌位台阶。一九五〇年，二高撤销后，又被西文兴公所和供销社占用。一九八〇年，全部拆毁改建为小学校。一九八六年，柳氏民居被列为省级文物保护单位，县委党史办主任、副研究员王良先生，历经十多年，对柳氏民居古建、工艺、文化、内涵、碑记进行了考察研究，对柳氏民居研究开发付出了常人难以想象的代价，并邀请清华大学教授专家进行了一年多的考察，经国家级文物专家论证，西文兴古村落具有保护和极高的开发价值。为此，沁水县政府把保护开发柳氏民居列为重点工程，成立了柳氏民居管理处。王良任主任，引资进行修缮并组建了柳氏民居实业开发有限公司。孙聚才董事长开始了柳氏民居重新修缮。在此同时，由王良先生牵头，柳廷才、柳栓柱及裴池善等经过一年多的时间，查碑文，找资料，编写了从明系至今的河东柳氏家谱。柳氏民居实业开发有限公司董事长孙聚才出资三十五万元，于二〇〇二年十二月重新修建了西房五间、河东柳氏宗祠和柳宗元塑像、碑墙等。河东柳氏后裔全族，对沁水县委、县政府及王良先生、孙聚才先生及张海军、张丙茂、张丙

---

[1] 镌刻于2003年。现存于沁水县土沃乡西文兴村。沁水县定都人谭龙政书。
[2] 镌刻于2003年5月18日。现存于沁水县土沃乡西文兴村，嵌于柳氏祠堂南墙。无名氏撰文、书丹。

义、裴和平表示感谢。为感谢为西文兴重建宗祠编家谱的有功之人，特勒石立碑，世代永记。

河东柳氏宗亲
公元二零零三年五月十八日

42.清仁宗皇旨碑

仁宗皇旨（之一）

奉天承运

皇帝制曰：策勋疆□，溯大父之恩勤，锡赉丝纶，表皇朝之沛泽。尔柳学周，乃捐职都司柳春芳之祖父，敬以持躬，忠能启后。威宣阃外，家传韬略之书，泽沛天边，国有旗常之举。兹以尔孙克襄王事，貤赠尔为昭武都尉，锡之诰命。于戏！我武维扬，持之孙枝之秀，赏延于世，益征征遗绪之长。

制曰：树丰功于行阵，业祖闻孙，锡介福于庭帏，恩推大母。尔李氏乃捐职都司柳春芳之祖母，壸仪足式，令问攸昭。振剑佩之家声，辉流奕世，播丝纶之国典，庆衍再传。兹以尔孙克襄王事，貤赠尔为恭人。于戏！翟茀用光，膺弘休于天阙，龙章载焕，锡大惠于重泉。

皇清嘉庆六年（1801年）十二月十三日

仁宗皇旨（之二）

奉天承运

皇帝制曰：宠绥国爵，式嘉阀阅之劳，蔚起门风，用表庭闱之训。尔柳月桂乃捐职都司柳春芳之父，义方启后，谷似光前。积善在躬，树良型于弓冶，克家有子，扬令绪于韬钤。兹以尔子克襄王事，赠尔为昭武都尉，锡之诰命。于戏！锡策府之徽章，洊承恩泽。荷天蒙之麻命，著贲泉垆。

制曰：怙恃同恩，人子勤思于将母，赳桓永绩，王朝锡类以荣亲。尔王氏乃捐职都司柳春芳之母，七诫娴明，三迁勤笃，令仪不忒，早流珩瑀之声，慈教有成果见干城之器。兹以尔子克襄王事，赠尔为恭人。于戏！锡龙纶而焕采，用答劬劳，被象服以承麻，永光泉壤。

大清嘉庆六年（1801年）十二月十三日

43.柳氏宗亲捐资名续[1]

西文兴村　柳兆兴　柳小跃　壹仟元者　东文兴村　柳小爹　柳文元　柳春沛
胡家沟村　柳蚕瑞
芦坡村　壹仟元者　柳基才　柳陈勇　柳小林　伍佰元者　阳城柳家河　柳文亮　柳春泽　壹佰元者　阳城王曲　壹仟元者　柳廷财　柳杨君　柳跃进　柳英红　柳拽勇　叁佰元者　柳文社　柳春宁　柳王锋　壹仟元者　柳海永　柳得清　柳崔君　柳海良　贰佰元者　柳铁柱　柳世君　柳文俊　柳春苏　柳伟鹏　柳圪都　阳城崔凹村　柳魁生　柳沁生　柳跃庆　柳村德　贰佰元者　柳国富　柳文艺　南沃泉村　柳拴葡　伍拾元者　壹佰元者　柳拴柱　贰佰元者　柳香桂　壹佰元者　柳树林　柳廷鹏　柳太翼　壹佰元者　伍拾元者　柳小廷　柳保兴　柳路森　柳迎明（柳廷福夫人）　柳

---

[1] 镌刻于2004年4月10日。现存于沁水县土沃乡西文兴村。2004年2月14日，北京华夏柳氏恩亲暨柳宗元文化研讨会新闻发布会在京召开。碑文记述了2004年清明节举办的柳氏后裔柳氏宗亲联谊暨宗亲祭祖盛会。与会的山西20个村及柳氏宗亲向西文兴柳氏宗祠捐款39510元。

树林　柳树青　柳志军　阳城石窑村　柳福兴　柳军民　柳小三　沁水县城　伍佰元者　柳学文　柳援朝　柳呆龙　壹佰元者　壹佰元者　伍佰元者　柳金锁　下格碑村　翼城北关　壹佰元音　柳梁才　柳晋生　柳龙龙　北沟村　柳振伟　柳铁庆　柳志刚　柳贵虎　叁佰元者　壹佰元者　柳玉龙　柳速才　柳庆元　太谷胡村　叁佰元者　柳鹏　柳国太　柳志平　柳拴瑞　柳吉拴　柳钟田　柳建林　柳来元　壹佰元者　贰佰元者　柳雄虎　伍拾元者　柳毅芳　叁佰元者　伍拾元者　柳末拴　伍拾元者　柳建设　柳天保　柳厚万　柳梁虎　柳末柱　翼城南板村　柳志强　柳青峰　壹佰元音　柳忠祥　柳惠森　柳小勤　柳厚龙　柳杰　柳家柱　壹佰元者　伍拾元者　柳进设　柳拴拴　阳城县城　柳利军　柳杨林　壹仟元者　贰佰元者　柳锁柱　柳廷河　柳元龙　柳建武　柳家湾村　壹佰元者　柳庆年　柳扬勇　柳育成　柳王虎　柳江锁　柳廷珏　翼城南绛村　柳兴荣　贰佰元音　柳宽社　柳官柱　柳官海　柳育明　柳德龙　柳杰　柳文跃　伍佰元者　柳社奎　柳建军　北沟村宗亲集体捐柒佰伍拾元　柳军军　柳连琴　柳育林壹佰元者　柳小杰　柳文辉　柳林田　柳建瑞　壹佰元者　永济市　柳建明陆拾元音　伍佰元者　柳军虎　柳海鹏　柳文炳　贰佰元者　柳长碌　柳春景　西文学村宗亲捌佰元　叁佰元者　柳长云　柳俊明　柳李合　柳三杰　柳文斗　柳发旺　柳小春　伍拾元者　胡家沟　柳德贤　伍拾元者　岭东村　柳张洪　柳迎虎　柳文田　壹佰元者　柳跃瑞　柳德林　胡家沟宗亲肆佰元

撰文：柳首卿
书丹：张联社
玉工：柳元尤
西文兴柳氏宗祠管理委员会
公元二零零四年四月十日立

后 记

西文兴村,像世外桃源般存在于沁水县的深山沟谷中,独自盛开却绮丽难忘。这里有富丽堂皇的深宅大院,交相辉映的亭台楼阁,琳琅满目的书画碑文,每一处细节都浸润着浓重的文化气息。

就是这个小山村,自20世纪80年代被学术界发现之后,引起了众多专家学者的关注,其中不乏相当数量的权威人士。经一番调研、考证之后,大家得出了传奇而又振奋的结论:"西文兴柳氏民居乃柳宗元后裔世代隐居避难地!"一时间,很多网站、报纸、著作、论文都对柳氏后人津津乐道,解说词也变得熠熠生辉:"柳琛殿试三甲,治文赐同进士出身;柳骎,沁水廪膳生,庚子科进士,授正四品官承德郎;柳大武,壬辰科武状元;柳大夏,明嘉靖十年赐进士出身,进京任医学训科;柳遇春,丙午科进士……"总之,感觉这里人才辈出,高官显爵,气质非凡。各种"头衔"也铺天而来:中国历史文化名村、全国重点文物保护单位、中国传统村落、国家4A级景区,等等。

说实在的,我们一开始就对这些满腹狐疑:柳宗元的后裔?有状元?有进士?有些相对容易判断,如说村里出过状元,这肯定是假的,因为整个山西,明清两代就没出过状元。有些比较难判断,如村里柳氏是柳宗元的后裔吗?这一问题,回答起来就非常困难。我从2004年首次到西文兴村,到今年为止的十余年间,不知去过多少次,关于"西文兴柳氏是柳宗元的后裔"的说法听得耳朵都起茧了,但每次问及证据时,都是闪烁其词,语焉不详。

我们课题组启动西文兴村的研究以来,断然舍弃现成已有的一切结论,从头开始,花费力气,翻阅了大量晦涩生僻的古文史料,从地方志、石刻碑文等原始记载入手,按图索骥,最终梳理出柳氏家族的兴衰历史及人物事迹。最终的结论是:西文兴柳氏与柳宗元除了同属河东柳氏分支外,并无其他确切关系。至于村中的进士,也是子虚乌有,翻遍明清的泽州府志、沁水县志,都没找到这些人是进士的蛛丝马迹。柳氏家族的光荣业绩,更是被随意嫁接、杜撰后广而告之!

大家都知道商品有假冒伪劣,这几年文化的造假也甚嚣尘上。主观臆断也好,无心插柳也好,可怕的是,假作真时真亦假,这些造假的文化通过互联网、口口相传像病毒一样感染蔓延,就连当地村人所言、沁水县政府官网上记载的相关信息都是无证可依的,整个西文兴村变成了名副其实的"假语村言"!

也许,在特定的学术环境与旅游宣传的驱使下,通过夸大其词的解说词可以达到吸引游客眼球的目的,但是真正的传统文化却变质了。也许,短时间内柳氏民居的旅游知名度和文化品位提高了，然而以讹传讹的丑闻最终带来的却是商业信誉的丧失、历史文化的倒退。如果把乡土聚落中的建筑比作朴实无华的绿叶，其文化内涵是芳香四溢的花朵，那么今日柳氏民居的文化形象，却仿佛一朵雍容华贵的牡丹绽放于乡野的粗枝大叶之上，只有不和谐的滑稽。一味地追求名人效应而忽略其自身无可替代的独特价值，无异于舍本逐末，恰恰是对祖先遗产最严重的无形破坏。

这次的经验教训，也为我们日后调研敲响了警钟：在传统村落的田野调查中，由于史料相对有限，研究人员通常会尽可能搜集所有与之相关的信息，有的来自于历史记载，有的来自于当地人口述，还有的需要借鉴他人成果。作为一名严谨的学术人员，必须具有刨根问底穷追究的精神，对每一处史料（笔述或口述）都严把关、勤考证、常对比，大胆假设之后还需小心求证，客观而科学地推进工作。

当然，我们去伪存真，绝对不是要否定西文兴村极高的价值。其民居建筑、装饰艺术的价值之高，是毋庸置疑的，令人高山仰止！用一句的通俗的话来说，不仅是国家级的宝贝，也是世界级的宝贝！将来一定会耀眼天下，誉满全球！

在西文兴村的调查中，得到了很多人的帮助。山西省住建厅厅长李栋梁、副厅长李锦生、总规划师翟顺河等领导对这一工作给予了积极支持；村镇处处长于丽萍、副处长郭创为了保证调查研究工作的顺利开展，做了大量的组织和协调工作；在我们现场调查中，柳氏民居开发公司总经理孙聚才给予了很多帮助；中国建筑工业出版社为了唤起民众的文化遗产保护意识，也肩担道义，愿意出版这套没有"经济效益"的书。在此，一并表示真诚的谢意！

薛林平
北京交通大学建筑与艺术学院
2015年11月5日